Ute Horn

Vater und Mutter ehren?

Meine Lebensspuren verstehen

SCM Hänssler

SCM

Stiftung Christliche Medien

© der deutschen Ausgabe 2011
SCM Hänssler im SCM-Verlag GmbH & Co. KG · 71088 Holzgerlingen
Internet: www.scm-haenssler.de; E-Mail: info@scm-haenssler.de

Die Bibelverse sind, wenn nicht anders angegeben,
folgender Ausgabe entnommen:
Neues Leben. Die Bibel, © der deutschen Ausgabe 2002 und 2006
SCM R.Brockhaus im SCM-Verlag GmbH & Co. KG · Witten

Umschlaggestaltung: OHA Werbeagentur GmbH, Grabs, Schweiz;
www.oha-werbeagentur.ch
Titelbild: shutterstock.com; istockphoto.com; photocase.de
Satz: typoscript GmbH, Walddorfhäslach
Druck und Bindung: CPI – Ebner & Spiegel, Ulm
Gedruckt in Deutschland
ISBN 978-3-7751-5273-0
Bestell-Nr. 395.273

Dieses Buch widme ich meinen Eltern und Schwiegereltern,
unserer Tochter und unseren Söhnen sowie unseren zukünftigen
Schwiegerkindern und Enkeln.

Inhalt

Ute Horn – ein Interview 7

Vorwort: Ehre – heute kein Thema mehr? 11

Einleitung: Wie es zu diesem Buch kam 14

1. Kapitel: Eltern ehren – aber wie? 19

2. Kapitel: Wie aus Erziehung Beziehung wird 37

3. Kapitel: Was geschah vor meiner Geburt? 67

4. Kapitel: Von leiblichen und sozialen Eltern 77

5. Kapitel: Wenn Eltern mehr nehmen als geben 98

6. Kapitel: Mutter- und Vatertag – Lust oder Frust? 112

7. Kapitel: Wenn die Schwiegereltern hinzukommen 121

8. Kapitel: Rollentausch – Was nun? 135

9. Kapitel: Warum sagt Gott: »Ehre Vater und Mutter«? 145

Nachwort 170

Anmerkungen 172

Literatur/Medien 174

Ute Horn – ein Interview

Wer sind Sie?
Ich bin Ute Horn, eine Frau, eine Ehefrau und eine Mutter, von Beruf Ärztin für Haut- und Geschlechtskrankheiten, Jahrgang 1954, Buchautorin, Referentin und Christin.

Was sollte man über Sie wissen?
Ich bin seit 31 Jahren mit Thomas verheiratet. Von meinen Eltern und Schwiegereltern lebt leider nur noch meine Schwiegermutter. Ich bin Mutter von fünf leiblichen und zwei angenommenen Kindern, die zwischen 1983 und 1995 geboren wurden.

Was ist Ihr Lebensmotto?
»Carpe diem – Nutze den Tag« und »Dankbarkeit gibt meinem Leben Stabilität.« Jeder Augenblick ist kostbar – auch wenn ich in schwierigen und im Moment unangenehmen Situationen bin. Ich habe gelernt, nicht nur auf die Not, die Krankheit, das Missgeschick oder das Unglück zu sehen und mich davon gefangen nehmen zu lassen, sondern dankbar zu sein: für die Oase in der Wüste, den liebevollen Blick, die Hilfe in der Not, den Besuch im Krankenhaus, die Vergebung nach dem Streit.

Was bedeuten Ihnen Eltern?
Eltern sind wie Rückenwind für ihre Kinder, um sie zu fördern. Sie müssen aber manchmal auch wie Gegenwind sein, um sie zu fordern. Eltern geben Kindern Halt und Wegweisung.

Sie sind das Bindeglied zu meinen Vorfahren und geben mir Vertrauen, selbst in Generationen zu denken und Kinder zu bekommen.

Was sind Kinder?
Kinder sind eine Gabe verbunden mit einer Aufgabe und vorübergehend führt das zur Selbstaufgabe. Sie lassen mich über das Wunder der Menschwerdung staunen, konfrontieren mich mit meiner eigenen Kindheit und lehren mich, was es heißt wirklich zu lieben.

Warum sollte ich dieses Buch lesen?

»Die Würde des Menschen ist unantastbar«, steht in unserem Grundgesetz und in der Bibel lesen wir, dass Gott uns das Gebot »Ehre Vater und Mutter…« gab. Aber leben wir auch danach?

Wann fühlen sich Eltern geehrt und wie können wir als Eltern so leben, dass es den Kindern leichtfällt uns zu ehren? Gilt diese Aufforderung nur für Eltern, die »gute« Eltern sind oder für alle Eltern?

Ich möchte diesen Fragen nachgehen und Anregungen zur Selbstreflexion und zum Dialog zwischen den Generationen geben.

Danke für das Gespräch.

Kinder lieben zunächst ihre Eltern blind, später fangen sie an, diese zu beurteilen, manchmal verzeihen sie ihnen sogar.

Oscar Wilde[1]

Vorwort: Ehre – heute kein Thema mehr?

Jahrhundertelang wurde sehr viel Wert darauf gelegt, Kinder dahingehend zu erziehen, die ältere Generation zu ehren. In Deutschland siezten Kinder ihre Eltern noch bis um 1900. Doch viele Kinder in den Niederlanden siezen ihre Eltern auch heutzutage noch. Ein prominentes Beispiel ist der Fußballtrainer des FC Bayern, Louis van Gaal[2], der seine eigene Mutter gesiezt hat und sich von seinen erwachsenen Töchtern immer noch siezen lässt. Für ihn wird dadurch Abstand zur anderen Generation ausgedrückt und gegenseitiger Respekt, der die Basis für alles sei. Er selbst habe Probleme, ältere Menschen zu duzen.

Im 20. Jahrhundert setzte es sich immer mehr durch, dass Kinder ihre Eltern duzten und gegen Ende es 20. Jahrhunderts erlaubten Eltern ihren Kindern sogar, sie beim Vornamen anzusprechen. Es entstand immer mehr eine Sehnsucht, nicht mehr erziehen zu müssen, sondern in gegenseitiger Freundschaft und Freiheit zusammenzuleben.

Auch die Beziehung zu den Schwiegereltern unterzog sich einem enormen Wandel. Früher war es selbstverständlich, die Eltern des Ehepartners mit Mutter und Vater anzusprechen. Heutzutage werden die Schwiegereltern vielerorts schon sehr früh geduzt und mit Vornamen angesprochen und die wenigsten Männer halten noch um die Hand der Braut an. Es findet eine Entkoppelung der alten von der jungen Generation statt. Die jüngere Generation entscheidet die Partnerwahl meistens alleine, die ältere Generation genießt ihre zunehmende Freiheit, wenn die Kinder aus dem Haus sind und fühlt sich nicht verpflichtet, dem Nachwuchs bei der Kindererziehung unter die Arme zu greifen. Sie genießen Reisen, Kulturangebote und die Begegnung mit Freunden. Viele der rüstigen Rentner verbringen das Winterhalbjahr in südlichen Gefilden und sind somit nicht erreichbar.

- Wer erzieht die Kinder noch dahin, für ältere Menschen im Bus aufzustehen und ihnen einen Platz anzubieten?
- Erleben Kinder noch, dass man wegen der Lebensumstände der Eltern oder Großeltern auf den Urlaub verzichtet oder sie sogar zu sich ins Haus holt?

- Lebt die ältere Generation so, dass es leicht ist, sie zu ehren?

Früher war das Wissen mit Erfahrung verbunden. Ältere wussten mehr als Jüngere. Man war darauf angewiesen, dass der Meister dem Lehrling, der Oberarzt dem Assistenzarzt, die Eltern den Kindern ihr Wissen weitergaben. Ein ganz anderes Bild zeigt sich durch die zunehmende Technisierung. Auf einmal erklärt der sechsjährige Enkel Oma und Opa die Funktion des Handys; der Teenager kann durch seine Computerkenntnisse den Eltern Webseiten erstellen und beim Aufbau des Computers helfen; der Jugendliche weiß im Informatikunterricht mehr als der Lehrer.

Nie gab es eine Generation vorher, die ohne Ausbildung so schnell und so viel Geld verdienen konnte wie die heutige, weil sie im Internetzeitalter lebt. Noch nie musste man so wenig aktiv wissen wie heute. Eine Anfrage bei einer Suchmaschine und man ist von jeder Art Wissen nur einen Mausklick entfernt. Wen verwundert es da, dass der Respekt, die Ehre und die Achtung gegenüber der älteren Generation so drastisch abgenommen haben?

Hinzu kommt die veränderte Alterspyramide in unserem Land. Früher funktionierte der Generationenvertrag. Die junge, arbeitende Bevölkerung sorgte für die berentete Generation. Jahrzehntelang funktionierte das gut. Doch mittlerweile gibt es zu viele Alte im Verhältnis zu den wenigen Jungen. Die Schere geht immer weiter auseinander und so werden die »Alten« zur Bedrohung. Ein Generationenkonflikt ist entbrannt und jede Generation hat Angst vor der anderen.

- Wie wollen wir in Zukunft miteinander umgehen?
- Was bedeutet es überhaupt, geehrt zu werden und zu ehren?
- Ist *ehren* ein alter Zopf, den der moderne Mensch abschneiden sollte oder hat das biblische Gebot: »Ehre Vater und Mutter, auf dass du lange lebest!« noch Gültigkeit?

Uns als Nation wünsche ich eine gegenseitige Wertschätzung für die schon gemeisterten und für die noch vor uns liegenden Herausforderungen. Jede Generation braucht die andere. Wir können es uns nicht leisten, aufeinander zu verzichten und uns Ehre und Respekt gegenseitig vorzuenthalten.

Ihre Ute Horn

PS:

Dieses Buch ist keine wissenschaftliche Abhandlung. Ich erhebe keinen Anspruch auf statistisch evaluierte Daten. Es ist ein Buch aus der Praxis für die Praxis und basiert auf vielen Beobachtungen, eigenen Erfahrungen und Gesprächen mit Betroffenen.

Die in diesem Buch zur Illustration meiner Ausführungen beschriebenen Erlebnisse sind wirklich passiert. Ich habe jedoch zum Schutz der einzelnen Personen die Namen und Orte meistens geändert.

Einleitung: Wie es zu diesem Buch kam

Unterrichtsfach: Ehre Vater und Mutter

Mein Mann und ich fuhren 1987 und 1988 auf eine Schulung in die Schweiz, wo wir drei Monate lang gelehrt wurden, wie man als Ehepaar und Familie liebevoll zusammenleben kann. An einem Abend wurden wir gebeten, über unsere Eltern nachzudenken: was sie alles für uns getan haben. Wir wurden darin gelehrt, sie zu ehren. Wir *Schüler* waren fast alle um die 30 Jahre alt, hatten selbst schon kleine Kinder und spürten gerade erst, was es bedeutet, Eltern zu sein. Aber in Bezug auf die eigenen Eltern zeigten viele von uns noch pubertäre Züge und sahen mehr Schlechtes als Gutes. Die Verletzungen durch die Eltern, der Mangel in der Kindheit, das Versagen von Mutter und Vater schienen immer noch wie mit Scheinwerfern angestrahlt. Es fiel schwer, die Eltern objektiv zu sehen. So traf die Aufforderung, die Eltern ehren zu lernen, einen wunden Punkt mitten in unserem Herzen. Für viele kam die Wende, als sie Vater und Mutter jeweils getrennt, einen Dankesbrief schreiben sollten. Schwarz auf weiß konnte man nun die eigenen Worte lesen, die in der Auseinandersetzung mit dem Thema plötzlich auch andere Facetten bewusst machten. Man musste sich eingestehen, dass es alles wahr war, was man geschrieben hatte. Wie selten bedankt man sich doch bei den Menschen, die so viel in uns investierten.

Der Überraschungszuhörer

Kurz darauf wurden mein Mann und ich gebeten, einen Vortrag zu dem Thema »Ehre Vater und Mutter« in einer Gemeinde zu halten. Wir hatten alles vorbereitet. Da meine Mutter im Krankenhaus lag, wohnte mein Vater zu diesem Zeitpunkt bei uns. An diesem Tag fragte er: »Worüber referiert ihr denn heute Abend?« Als wir das Thema nannten, war er sehr interessiert und meinte: »Kann ich da nicht mitkommen?« Meine und die Blicke meines Mannes trafen sich, uns wurde heiß und kalt und in Sekundenschnelle gingen wir gedanklich alles durch, was wir erzählen wollten. »Ja, warum nicht!?«, hörten wir uns antworten. Eine halbe Stunde später saßen wir zu dritt im Auto und dann referierten wir darüber, wie wichtig es sei, die Eltern zu ehren, und was es bedeuten würde. Am Ende des Vortrages wurde eine Fragerunde eröffnet. Mein Vater meldete sich als Erster, stand auf, damit man ihn gut hören konnte, und sagte: »Ich wollte nur sagen, dass alles, was meine beiden Kinder hier vorgetragen haben, wahr ist und dass sie das auch so leben.« Uns standen Tränen in den Augen. Wie gut, dass wir ihn mitgenommen hatten. Er hatte uns damit über die Maßen beschenkt. Auch für die Zuhörer waren die Worte meines Vaters sehr bewegend.

Liebt Gott Schwiegermütter?

Das Thema schien uns weiter zu begleiten. Als Nächstes hielt ich einen Vortrag mit dem provozierenden Titel »Gott liebt Schwiegermütter.« Fast jeder stutzte bei dem Titel und einige fragten mich: »Glaubst du das wirklich?« Die Beziehung zwischen Schwiegertöchtern und -müttern ist oft nicht leicht. Missverständnisse, Eifersüchteleien und unausgesprochene Erwartungen können ein schwieriges Klima zwischen den beiden Frauen verursachen. Beide lieben ja den gleichen Mann und jede glaubt, es am besten zu können. Viele sind sich dieser Problematik am Anfang des Kennenlernens überhaupt nicht bewusst und verletzen, ohne es zu merken. So beginnt ein Kreislauf, der nur schwer zu durchbrechen ist.

Muttertag zwischen Freud und Leid

Als ich dann gebeten wurde, am Muttertag den Gottesdienst in unserer Gemeinde thematisch zu gestalten, wählte ich das Thema »Ehre Vater und Mutter«. Der Muttertag ist für viele Frauen ein Tag zwischen Wunsch und Wirklichkeit. Für die einen erfüllen sich die Erwartungen: sie werden besucht, beschenkt und angerufen. Andere Mütter werden verletzt, weil sich ihr Kind nicht meldet und sie den ganzen Tag vergeblich am Telefon sitzen und warten.

Manch eine Mutter fühlt sich aber auch zerrissen, da sie zugleich verschiedene Rollen ausfüllen muss: die der Tochter, Schwiegertochter und Mutter, Wie kann sie selbst mit ihrer Mutter oder Schwiegermutter etwas Schönes unternehmen und sich gleichzeitig von den eigenen Kindern beschenken lassen?

Und ich will auch die Frauen nicht vergessen, die sich immer noch danach sehnen, Mutter zu werden, es aus den unterschiedlichsten Gründen aber nicht werden können oder werden konnten. Wie schmerzhaft muss für sie jeder Muttertag sein.

Ich ermutige Sie, immer wieder den Dialog zu suchen. Wir Menschen reden viel zu wenig miteinander über die Dinge, die uns guttun und die uns verletzen. Jeder denkt vom anderen, dass der doch schließlich wissen müsste, was man sich wünscht. Aber keiner kann Gedanken lesen und nur wenige haben die Gabe der Empathie und können sich in andere hineinversetzen.

Buchinhalt

So begleitet uns dieses Thema als Familie schon sehr lange und ich wünsche mir, dass das vorliegende Buch Mut macht, miteinander ins Gespräch zu kommen, damit die Beziehung zwischen den Generationen gelingt.

Nachfolgend gebe ich Ihnen einen kurzen Überblick über die einzelnen Kapitel:

Im **Kapitel 1: Eltern ehren – aber wie?** möchte ich der Frage nachgehen, was es bedeutet Vater und Mutter zu ehren. Es geht um die Themen Dankbarkeit, Vergebung, den anderen so behandeln, wie man selbst gerne behandelt werden möchte, Interesse am Leben des anderen zeigen und füreinander eintreten.

Anschließend lasse ich Sie im **Kapitel 2: Wie aus Erziehung Beziehung wird** in Kinderherzen schauen, die sich vor allem wünschen, dass Eltern Vertrauenspersonen sind, die sie respektieren und die gerecht sind. Wie Sie diese drei Werte Vertrauen, Respekt und Gerechtigkeit im Leben Ihrer Kinder tief verankern und somit verlässliche Eltern werden können, zeige ich anhand von vielen Beispielen aus dem Alltag.

Um Empfindungen, Ahnungen und ungeklärte Fragen rund um Zeugung und Schwangerschaft geht es in **Kapitel 3: Was geschah vor meiner Geburt?** Wie reagiere ich, wenn ich erfahre, dass der Mann, den ich für meinen Vater hielt, gar nicht mein leiblicher Vater ist? Wer hilft mir auf dem Weg der Identitätsfindung, wenn ich ahne, dass es Geheimnisse darüber gibt, wie ich entstanden bin?

In **Kapitel 4: Von leiblichen und sozialen Eltern** werbe ich um Verständnis für die besonderen Beziehungsschwierigkeiten von Pflege-, Adoptiv- und Patchworkfamilien. Es ist nicht so einfach, das eigene Schicksal zu bejahen. Viel Streit könnte vermieden werden, wenn wir uns in die Lage des jeweils anderen hineinversetzen würden.

Das **Kapitel 5: Wenn Eltern mehr nehmen als geben** will Hilfen im Umgang mit Eltern vermitteln, die massiv versagt haben und tiefen Schaden im Leben ihrer Kinder angerichtet haben.

Kapitel 6: Mutter- und Vatertag – Lust oder Frust? versucht Antworten darauf zu geben, warum der Mutter- und Vatertag als reine Pflichterfüllung oft verletzt und wie man diese Tage mit Leben füllen und so gestalten kann, dass viele Freude daran haben.

Im **Kapitel 7: Wenn die Schwiegereltern hinzukommen** möchte ich Mut machen, das Einzigartige in diesen Beziehungen wertzuschätzen und sich auf Gespräche, Nähe und auch Auseinandersetzung einzulassen.

Kapitel 8: Rollentausch – Was nun? behandelt das wichtige Thema: »Abschied nehmen«. Der Tod gehört zum Leben dazu und doch würden wir ihn am liebsten ausklammern. Wie kann ich den Eltern ihre Würde erhalten, wenn die Kräfte nachlassen, sie sterbenskrank oder dement werden?

Im **9. und damit letzten Kapitel: Warum sagt Gott: »Ehre Vater und Mutter«?** möchte ich erklären, warum ich dafür eintrete, Eltern und Schwiegereltern mit »Vater« und »Mutter« anzureden. Eltern zu sein, ist ein Stand, in den ich durch das Aufziehen von Kindern eintrete. Schwiegereltern werden wir durch die Heirat unserer Kinder. Die Namen sind sozusagen Programm. Wir werden erfahren, welche Aufgaben Gott Eltern und welche er Kindern gibt, und wie das Gebot »Ehre Vater und Mutter« zu verstehen ist und ob es auch für Schwiegereltern gilt. Am Ende werden wir auch sehen, dass Gott sich uns als Vater vorstellt und als solcher geehrt werden möchte.

Am **Ende des Buches** finden Sie noch weiterführende Literatur.

PS: Noch ein kleiner Hinweis zum Schluss: Um eine gute Lesbarkeit zu gewährleisten, wurde auf die Doppelnennung der Geschlechterbezeichnungen weitgehend verzichtet. Die männliche oder weibliche Form steht in diesen Fällen als »neutrale« Variante für beide Geschlechter.

1. Kapitel:
Eltern ehren – aber wie?

Manchmal hört man Eltern beim Abschied sagen: »Mach mir Ehre.«
Oder anders ausgedrückt: »Bringe mich in keine unangenehme Lage,
lege keine Schande auf unsere Familie oder auf mich.« Was bedeutet
es eigentlich Vater und Mutter zu ehren? Jeder von uns hat Eltern: leibliche Eltern, Pflegeeltern, Adoptiveltern, Stiefeltern oder auch Nenn-
eltern. Haben Sie Ihre Eltern einmal gefragt, wann und ob sie sich
von Ihnen geehrt fühlen? Der Begriff »Ehre« wirkt manchmal etwas
verstaubt, wie aus dem Mittelalter, als man sich um der Ehre willen
duellierte. Oder vielleicht fallen Ihnen bei diesem Stichwort eher die
Ehrenmorde muslimischer Familien ein, wenn Väter und Brüder die
Ehre der Familie retten wollen und eine junge Frau töten, wenn sie
gegen den Sittenkodex der Familie verstößt. Wie würden Sie nachfolgende Fragen beantworten?

- Was bedeutet es, eine andere Person zu ehren?
- Was bedeutet es, geehrt zu werden?
- Wann fühlen Sie sich von Ihren Kindern geehrt?

Ich glaube, dass sich jeder Mensch danach sehnt, als Person und für
das, was er tut, geehrt zu werden. Ganz besonders wertvoll ist das
Lob aus dem Munde von Eltern und Kindern. Ich kann mich noch
gut daran erinnern, als meine Mutter einmal in der Küche stand und
sagte: »Du warst als Kind immer so unordentlich und hast meistens die
Türen der Schränke offen stehen gelassen. Ich hätte nie gedacht, dass
du mal so eine tüchtige Hausfrau wirst. Alle Achtung! Wie ordentlich
deine Schränke sind.« Von einer Mutter so ein Lob zu hören, wiegt
viel mehr, als wenn man die gleichen Worte von einer Freundin hört.
So treffen auch Worte von Kindern ganz anders das Herz der Eltern.
Einer meiner Söhne schenkte mir einmal ein Holzherz mit dem Wort
»Danke«. Es liegt immer auf meinem Schreibtisch. Ein anderer Sohn
überreichte mir eine Karte, auf die Folgendes gemalt wurde: Ein Jun-

ge fährt auf einem Fahrrad nach Hause. Aus dem Haus kommt eine Duftwolke, die sich über das Fahrrad ausbreitet und in der Folgendes steht: »Hmmmmm, es riecht immer schon von Weitem so gut nach Essen, wenn ich nach Hause komme.«

»Ehren« beinhaltet für mich Dankbarkeit, Versöhnung, Interesse, Anteilnahme und Liebe, worauf ich im Nachfolgenden näher eingehen möchte.

1. Eltern zu ehren bedeutet, ihnen dankbar zu sein

Der evangelische Theologe Dietrich Bonhoeffer[3] schreibt: »Im normalen Leben wird es einem gar nicht bewusst, dass der Mensch unendlich mehr empfängt, als er gibt und dass Dankbarkeit das Leben erst reich macht. Man überschätzt das eigene Wirken und Tun in seiner Wichtigkeit gegenüber dem, was man nur durch andere geworden ist.«

Oft verstehen wir erst, was unsere Eltern geleistet haben, wenn wir selbst heiraten und Kinder bekommen. Vorher scheint unser Blick in vielen Fällen nur auf den Mangel gerichtet zu sein, auf das, was unsere Eltern uns *nicht* gegeben haben. Schon für die Schwangerschaft und Geburt können wir dankbar sein. Und wie sieht es mit den vielen unterbrochenen Nächten aus, in denen wir gestillt und gewickelt wurden. Kennen Sie die Sorgen, die sich Ihre Eltern machten, die Stunden am Bett, wenn Sie krank waren? Geld musste verdient werden, Geschenke wurden besorgt und eingepackt. Es gab gemeinsame Urlaube, Feiern oder Ausflüge. Wurden Sie in der Schule unterstützt? Wie haben Sie Ihre Lehrstelle bekommen? Wer hat Ihnen geholfen, Ihren Beruf zu finden?

> Wir bekommen mehr als wir geben.

Angeregt durch diese Gedanken empfinden Sie vielleicht auch den Wunsch Ihren Eltern einmal »Danke« zu sagen.

Kinder können erst mit Abstand wertschätzen, was die Eltern für sie getan haben. Dies geschieht im Vergleich mit anderen Familien, wenn man vorübergehend bzw. endgültig auszieht oder wenn man selbst Eltern wird. Mein 17-jähriger Sohn schrieb mir einen Brief aus Amerika, wo er ein Auslandsjahr verbrachte. So weit weg von zu Hause spürte er, was wir für ihn bisher getan hatten. Er konnte seinen Dank nun in Worte fassen. Es gibt keine bewegenderen Briefe als Dankesbriefe aus der Tiefe des Herzens geschrieben. Zu Hause kann man kein Heimweh bekommen. Dafür muss man weggehen. Und so scheint das ebenso mit Dankbarkeit zu sein. Wir benötigen ein wenig Abstand.

Es war selbstverständlich, dass jeden Mittag ein selbst gekochtes Essen auf dem Tisch stand, bis man in einer anderen Familie erlebte, dass sich die Kinder mittags eine Fertigsuppe machten, weil die Mutter arbeitete. Auf einmal sah man das Essen mit anderen Augen und sagte: »Danke, dass du jeden Mittag kochst. Ich freue mich darüber.«

Mit Abstand kann ich Eltern wertschätzen.

Meine Kinder machten sich einen Spaß daraus, schon auf der Straße, aber spätestens beim Öffnen der Tür, zu erraten, was ich gekocht oder gebacken hatte. Oft wurde ich mit einer Frage begrüßt: »Mama, habe ich richtig geraten? Gibt es heute Pfannkuchen, Nudelauflauf oder Kassler mit Kartoffelbrei und Apfelmus?« Bei Tisch

Dankbarkeit macht das Leben reich.

unterhielten sie sich darüber, wer es herausbekommen hatte. Wie oft dachte ich, was uns verloren geht, wenn wir nur noch auftauen, Dosen öffnen oder Fertiggerichte warm machen. Ich selbst liebe auch die Düfte nach frisch gebackenem Brot, Kuchen und frisch zubereiteten Speisen. Macht das unser Leben nicht reich?

- Wofür sind Sie dankbar?
- Was haben Sie im Elternhaus gelernt?

»Papa, weißt du, warum ich mich traue, das Licht am Fahrrad zu reparieren?«, fragt der zehnjährige Markus seinen Vater. »Warum denn?« »Weil ich dich fragen kann, wenn ich nicht weiterweiß. Du hast mir schon so oft geholfen.« »Mama, ich bin so froh, dass ich Kuchen und Kekse backen kann«, sagt mir mein Sohn. »Da hat man immer ein cooles Geschenk, es spart viel Geld und man bekommt eine Menge Anerkennung, wenn man sagen kann, dass das Mitgebrachte aus eigener Herstellung ist.«

Schon sehr früh im Leben gilt der Satz der ersten italienischen Ärztin, Maria Montessori: »Hilf mir, es selbst zu tun.« Oder anders ausgedrückt: »Gib mir einen Fisch und ich habe heute zu essen. Lehre mich, Fische zu fangen und ich werde für den Rest des Lebens zu essen haben.« Haben Ihre Eltern Sie zur Lebenstauglichkeit erzogen?

Auch wenn Sie als Kind nicht wertgeschätzt haben, dass Sie Rasen mähen, Unkraut jäten, Zimmer aufräumen, waschen und bügeln lernen mussten, können Sie heute sagen: »Ich habe gelernt, auch ohne Lust zu arbeiten. Ich wurde erzogen und heute kann ich mich selbst disziplinieren. Ich habe Fähigkeiten trainiert, die mir heute helfen, nicht ständig den Handwerker zu rufen oder mich jeden Tag von Fast Food zu ernähren.«

2. Eltern ehren bedeutet, mit ihnen versöhnt zu sein

»Ehre Vater und Mutter« heißt für mich, um Vergebung zu bitten und zu vergeben.

Eigenes Versagen

Mir ist wichtig, bei mir anzufangen. Wo habe ich meine Eltern verletzt, enttäuscht oder zu wenig beachtet? Als Kind, in der Pubertät oder später?

Spätestens mit der Pubertät beginnt dieses Kreisen um das eigene Ich, das Einfordern von Rechten, aber meistens ohne die Pflichten erfüllen zu wollen. Es gibt oft Diskussionen bis hin zu Streit. Da geht es auch schon mal laut zu und man verletzt sich gegenseitig, sagt Dinge, die man besser nicht gesagt hätte. Man würde am liebsten nur nach Lust und Laune leben. Es gehört zu diesem Lebensabschnitt dazu, sich abzugrenzen, zu hinterfragen, diskutieren zu lernen und die eigenen Grenzen auszutesten. Das Losreißen tut den Eltern weh. Fragen Sie Ihre Eltern, ob sie sich durch Ihr Verhalten damals immer noch verletzt fühlen. Vielleicht haben Sie auch

Kinder brauchen auch die Vergebung ihrer Eltern.

Sätze gesagt wie: »Ich hasse dich. Du bist peinlich. Du hast ja keine Ahnung. Du hast mir gar nichts mehr zu sagen.«

Wie waren Sie als Heranwachsender? Sind Sie über Nacht einfach weggeblieben und haben sich nicht an Absprachen gehalten? Haben Sie Ihre Pflichten vernachlässigt?

Noch am Sterbebett habe ich meinen Vater gefragt: »Vati, trägst du noch irgendeinen Groll gegen mich in dir? Habe ich dich verletzt und brauche noch deine Vergebung?« Er schüttelte den Kopf und fragte auch umgekehrt, ob ich noch verletzt sei?

Dazu muss der eigene Vater kein Christ sein. Man kann jeden Menschen um Vergebung bitten. Auch wenn die Vergebung von Schuld die zentrale Botschaft des Christentums ist, ist Versöhnung auch ohne den christlichen Glauben ein zutiefst menschliches Bedürfnis. Leider müssen wir auch manchmal erleben, dass sich zwei Menschen so ineinander verhakt haben, dass sie nicht bereit sind, sich zu versöhnen. Trotzdem mache ich Mut um Vergebung zu bitten, wenn Sie den Eindruck haben, schuldig geworden zu sein.

Oft ist uns gar nicht bewusst, dass sich der andere verletzt fühlt. Man hat nie darüber gesprochen. Oder der andere hat die Verletzung verdrängt. Mein Ratschlag ist nachzufragen.

Versagen der Eltern

In unserer Gesellschaft ist es Tradition, über Tote nur Gutes zu sagen und für manche ist »nichts Negatives erwähnen« gleichbedeutend mit ehren. Jahrhundertelang war es nicht erlaubt, Eltern zu beschuldigen, etwas falsch gemacht zu haben. Es stand einem Jüngeren nicht zu, einen Älteren zu beurteilen oder sogar zu verurteilen.

Durch die 68er-Revolution ist es fast ins Gegenteil umgeschlagen. Die Jungen machten die ältere Generation für jedes Versagen verantwortlich. Das Elternhaus war an allem schuld. Der junge Mensch musste nicht mehr die Verantwortung für sein Handeln, sein Versagen in der Schule oder seine Sucht übernehmen. Die Ursache für seine Probleme lag in der Herkunftsfamilie.

Ich plädiere weder für den einen noch für den anderen Weg. Wie in so vielen Fällen scheint der gesunde Mittelweg die Lösung zu sein.

Ich muss nicht alles gutheißen, was meine Eltern tun oder getan haben. Ich darf Schuld beim Namen nennen. Ich darf mich mit dem Versagen der Eltern auseinandersetzen und auch mit ihnen darüber reden. Aber dann muss auch der Tag kommen, an dem ich einen Schlussstrich ziehe und sage: »Ich übernehme jetzt die Verantwortung für mein Leben selbst. Ich mache meine Eltern nicht mehr für alles verantwortlich und lasse sie los. Ich vergebe.«

Ich beobachte, dass meine Reaktionen auf bestimmte Umstände oder Verletzungen viel mehr Macht in meinem Leben haben als der Auslöser selbst. Vielleicht hat Ihr Vater zu Ihnen gesagt: »Du hast zwei linke Hände.« Oder: »Aus dir wird nie etwas.« Macht bekommen diese Sätze nur, wenn Sie die Aussagen in sich aufsaugen, Sie entmutigt aufgeben und Ihr Handeln danach ausrichten.

> Ihre Reaktion auf eine Verletzung beeinflusst Ihr Leben oft mehr als die Verletzung.

Ihre Eltern haben Ihnen das mitgegeben, was sie hatten. Wenn Sie Ihnen Mangel mitgegeben haben, dann deshalb, weil sie selbst auch in ihrem Leben Mangel erlebt haben.

- Was werfen Sie Ihren Eltern noch vor?
- Welchen Etiketten aus der Vergangenheit glauben Sie noch?
- Welche Aussagen haben noch Macht über Sie?

Was auch immer Ihre Eltern gesagt oder getan haben: es darf nicht so viel Einfluss über Sie haben, dass Sie keinen neuen Weg gehen können.

> Bei fehlender Vergebungsbereitschaft kann man im Laufe der Zeit vom Opfer zum Täter werden.

Ich beobachte bei vielen Menschen, dass sie bei fehlender Vergebungsbereitschaft oft vom Opfer zum Täter werden.

Maria beklagte sich über die schlechte Beziehung zu ihrer Tochter. Daraufhin wird sie gefragt: »Wie war denn die Beziehung von dir zu deiner Mutter?« »Auch schlecht«, kommt die Antwort.

Kai hat entsetzlich darunter gelitten, dass sein Vater die Familie verließ, als er acht und sein Bruder vier Jahre alt war. Und was tut er selbst? Er lässt sich von seiner Frau scheiden, obwohl er Vater von fünf Kindern ist.

Claudia hat ihre Mutter immer dafür verachtet, dass sie ihren Vater herumkommandierte. Sie ist aber blind dafür, dass sie das Gleiche mit ihrem Mann tut. Nicht nur ihr Partner leidet unter ihrer Dominanz.

Beziehungsmuster können sich leider von Generation zu Generation wiederholen, oft auch ungewollt. So hat man den Eindruck, sowieso nichts ändern zu können und dem Schicksal hilflos ausgeliefert zu sein. Aber das stimmt nicht.

In meinem Leben habe ich beobachtet, dass mangelnde Vergebung mich in diesen Beziehungsmustern hält und vor allem Auswirkungen bei mir hat und mein Leben massiv beeinflusst.

3. Eltern ehren bedeutet, Interesse an ihrem Leben zu zeigen

Wer von uns kennt die Personen wirklich, mit denen er oft über Jahre hinweg zusammenlebt? Vielleicht würde man die Lieblingsschokolade nennen können.

- Kennen Sie die Träume und Wünsche Ihrer Eltern?
- Wissen Sie, in welchen Umständen sie groß wurden?
- Haben Sie sich wirklich einmal dafür interessiert, was sie prägte?

Ehrliches Nachfragen

»Mama, was bedeuten dir die mitgebrachten Tulpen auf einer Skala von eins bis zehn?«, fragte der zwanzigjährige Manuel seine Mutter. »Ich möchte, dass du ehrlich bist. Magst du überhaupt Tulpen? Und welche Farbe liebst du an Blumen? Ehrlich gesagt, weiß ich das nämlich nicht. Früher hast du immer alles toll gefunden, was wir dir malten und schenkten.«

Vor einiger Zeit bekam ich nachstehende E-Mail: »Deine Mutter kennt dich, aber du kennst sie nicht«, sagte der deutsche Schriftsteller und Journalist Paul Ernst (1866-1933).

> Deine Mutter kennt dich, aber du kennst sie nicht.

Dieser Satz traf mich und ich musste immer wieder darüber nachdenken. Stimmte das Zitat? Wir sind es als Kinder meist gewohnt, dass unsere Mütter sich – zumindest bis zu einem bestimmten Alter – um uns drehen. Wenn wir klingeln und zur Tür hereinkommen, erwartet uns die Frage: »Wie war's in der Schule? Wie geht es dir? Ist alles gut gegangen?« Neulich beim Zubettgehen sagte mein 15-jähriger Sohn: »Mama, ich bin heute richtig enttäuscht von dir. Ich habe einen Vokabeltest in Englisch geschrieben und du hast heute Mittag nicht gefragt, wie es gelaufen ist.« Egal wie alt sie sind, sie freuen sich darüber, wenn man Anteil an ihren Tests, Arbeiten und Nöten nimmt. Es tat mir leid und das habe ich ihm auch gesagt.

Das Kind empfindet sich als Mittelpunkt im Leben der Mutter. Wann ist das Kind fähig, auch einmal zu sehen: »Mama sieht müde aus. Ob es ihr nicht gut geht?« Es ist Balsam für die Seele, wenn Kinder Eltern etwas Gutes tun und auch einmal fragen, ob man sich über einen Cappuccino oder ein Glas Saft freuen würde.

Je älter ich werde, desto häufiger denke ich an meinen Vater, der leider schon mit 78 Jahren starb. Was er mir wohl so gerne noch von sich erzählt hätte? Auch meine Kinder mit Mitte 20 sagen schon: »Traurig, dass Opa schon tot ist. Früher hat mich seine Lebensgeschichte noch nicht interessiert. Ich bin gar nicht darauf gekommen, ihn über seine Kindheit zu befragen. Jetzt würde ich ihn gerne fragen: ›Wie war es für dich als 17-Jähriger in den Krieg zu ziehen? Was hast du da erlebt? Warum hast du Medizin studiert? Wie hast du Oma kennengelernt?‹« Fragen, die nicht mehr gestellt, nicht mehr beantwortet werden können. Auch ich als Tochter kann die Fragen meiner Kinder oft nur unzureichend oder überhaupt nicht beantworten.

Ob Sie sich durch das Lesen dieser Zeilen anregen lassen, Fragen zu stellen? Jede Generation hat ihre eigenen Herausforderungen, ihr eigenes Gedankengut, ihre eigenen Ängste, Sorgen und Freuden, die mitgeteilt werden wollen. Gehen Sie auf Entdeckungsreise und lernen Sie Ihre Eltern kennen! Ich wünsche Ihnen viele zum Staunen einladende Erfahrungen mit den Menschen, die dafür verantwortlich sind, dass Sie auf der Welt sind. Ehren heißt, Interesse am Leben zeigen und dazu braucht es gemeinsam verbrachte Zeit: Besuche, Spaziergänge, gemeinsam besuchte Veranstaltungen, Kurzreisen, Urlaube. Manchmal haben wir uns vorher schon Fragen überlegt, bei denen die Eltern aus ihrem Leben erzählen konnten: »Wie war eure Kindheit? Wie habt ihr euch kennengelernt? Welche Pläne und Ziele hattet ihr, als ihr jung wart?«

Segenslinien entdecken

Es waren zwei unserer schönsten Abende mit den Eltern und Schwiegereltern, als wir zusammen über unsere gemeinsamen Segenslinien nachdachten, über Fähigkeiten und Charaktereigenschaften, die sich über Generationen vererbten.

Talente
Können Sie zurückverfolgen, woher Ihr musikalisches, sportliches, handwerkliches oder soziales Talent kommt? Meine Eltern waren beide Allgemeinärzte auf dem Land und beobachteten, dass Begabungen wie Musikalität oft eine Generation überspringen. Mein Schwiegervater hatte beinahe das absolute Gehör und verdiente sich durch Klavierspielen sein Medizinstudium. Er konnte Melodien, die er hörte, sofort nachspielen, transponierte rauf und runter und spielte oft bis spät in die Nacht hinein. Auch meine Mutter war sehr musikalisch, sang im Chor und spielte vier verschiedene Flöten. Sowohl bei mir als auch bei meinem Mann kam keine musikalische Ader zum Vorschein. Aber besonders einer der 15 Enkel bewegte sich in den musikalischen Fußspuren seiner Vorfahren. Er liebte die Musiktheorie und begleitete verschiedene Chöre der Schule auf dem Klavier. Wie bewegend war es, als die 81-jährige Großmutter ihm beim letzten Besuch das Klavier des Großvaters schenkte.

Wesensart
Die fleißige und optimistische Art meines Mannes entdeckte ich bei seiner Mutter und seinen Großmüttern wieder.

Fähigkeiten
Interessant waren auch Parallelen zwischen dem Großvater meines Mannes als Hersteller von Geldbörsen und ihm als dermatologisch tätigem Operateur. Sein Opa versuchte, mit möglichst wenig Leder die

Fabrikation der Geldbörsen zu optimieren. Er entwickelte unterschiedliche Schnittmuster dafür, während mein Mann Techniken anwendet, um Hautlappen zu verschieben, damit man nach der Tumorentnahme wenig von dem Eingriff sieht. »Wo ist der Unterschied?«, fragte mich mein Mann lachend.

Berufe

Nicht zu übersehen waren die vielen Mediziner in unseren Herkunftsfamilien. Unsere Söhne werden mütterlicherseits in vierter und väterlicherseits in dritter Generation Mediziner. Eigentlich ist das ja auch nicht verwunderlich.

Wenn ich Gaben meiner Eltern vererbt bekomme, äußert sich das ja auch oft in den Berufen, für die ich genau solche Fähigkeiten und Eigenschaften brauche.

Vor Kurzem waren wir bei einer Familie zu Gast, die über Generationen Lehrer waren. Sie liebten es zu lesen, nachzuforschen, sammelten Wissen wie andere Briefmarken, Bierdeckel oder Servietten und ließen kaum eine Gelegenheit aus, ihr Wissen an den Mann zu bringen.

Früher war es ja selbstverständlich, dass der Sohn das Gleiche lernte wie der Vater. Die Schreinerei wurde vom Vater dem (ältesten) Sohn übergeben. Von klein auf war der Sohn mit in der Werkstatt und erlernte sein Handwerk durch zuschauen und mitmachen, bevor er selbst in die Lehre ging. Es wurde meist nicht darüber nachgedacht, ob der Sohn wirklich dafür geeignet sei. Was sollte er denn sonst machen?

> Der Apfel fällt nicht weit vom Stamm.

Heutzutage ist das schwieriger, da die wenigsten Kinder eine Vorstellung von dem haben, was Mutter und Vater beruflich machen. Fragen Sie einmal Kinder, welchen Beruf ihre Eltern haben und was deren Tätigkeiten sind. Sie werden staunen, wie wenig die Kinder erklären können, was ihre Eltern tun, weil sie es nie sehen.

Auf der einen Seite ist es eine große Befreiung, dass man heute nicht den gleichen Beruf ergreifen muss wie die Eltern, auf der anderen Seite werden die Generationen entkoppelt. So ist es nicht verwunderlich, dass 90 Prozent der Abiturienten nicht wissen, was sie nach dem Schulabschluss machen sollen. Da sind es manchmal die Eltern, die dann vorsichtig fragen: »Warum studierst du nicht das Gleiche wie ich? Bau-ingenieur? Du bist gut in den Naturwissenschaften und in Mathematik. Ich könnte mir das gut bei dir vorstellen.« Auch wenn die Frage »Was willst du werden?« junge Leute nervt, haben wir, als Eltern, Lehrer oder Jugendleiter doch eine wichtige Aufgabe, ihnen zu helfen, ihre Gaben und Stärken zu entdecken. Manchmal müssen wir als Erwachsene aber erst einmal auf die Suche nach unseren eigenen Begabungen gehen.

- Wo entdecken Sie Segenslinien?
- Welche ähnlichen Fähigkeiten, Charaktereigenschaften und Berufe finden Sie bei Ihnen, Ihren Vorfahren und Ihren Nach-kommen?
- Wo entdecken Sie Segenslinien bei Ihrem Partner? Welche ähn-lichen Fähigkeiten, Charaktereigenschaften und Berufe finden Sie bei ihm, seinen Vorfahren, Ihren gemeinsamen Kindern oder weiteren Nachkommen?

	Fähigkeiten	Charakter	Beruf
Großvater väterlicherseits			
Großmutter väterlicherseits			
Vater			
Großvater mütterlicherseits			
Großmutter mütterlicherseits			
Mutter			
Ich/Partner			
1. Kind			
2. Kind			
Enkelkind			
Enkelkind			

Ich wünsche Ihnen viel Freude beim Entdecken der Gaben. Bitte denken Sie nicht, dass es in ihrer Familie nur Schwächen, Süchte und Mängel gab. Mir hilft immer der Vergleich mit einem Kaktus. Jeder Kaktus hat Blüten. Manchmal sieht es nur so aus, als wenn Kakteen nur stachelig, langweilig und zu nichts gut wären.

Sehr einleuchtend ist auch die Geschichte, die der Kabarettist Dr. Eckart von Hirschhausen[4] auf der CD »Glück kommt selten allein« erzählt, die ich an dieser Stelle in leicht verkürzter Weise wiedergebe:

Er war auf einer Kreuzfahrt und habe einen Pinguin an Land beobachtet: Untersetzter Körperbau, viel zu kleine Flügel und dann hätte der Schöpfer auch noch die Knie vergessen. Sein vernichtendes Urteil: »Fehlkonstruktion.« Doch dann sei der Pinguin ins Wasser gesprungen und wie ein Weltmeister geschwommen, so elegant, so schnell, dass er nur gestaunt hätte. Und er konstatierte: »Wer denkt, dass Pinguine auf dem Land eine Fehlkonstruktion sind, habe sie nur noch nicht schwimmen gesehen.« Und es erinnerte ihn daran, wie schnell er Menschen aburteile, obwohl er sie nur in einer Situation erlebt hätte. Dabei wären sie nur nicht in ihrem Element gewesen. Als Pinguin in der Wüste sei es kein Wunder, dass es nicht flutscht. Man müsse nur versuchen, sich zu seinem Element hinzubewegen.

4. Eltern ehren bedeutet, Anteil an ihrem Leben zu nehmen

Neulich fragte ich einen 22-jährigen Studenten, der gerade geheiratet hatte, was ihm seine Mutter momentan noch bedeuten würde. Seine Antwort war etwas ernüchternd, aber sehr treffend formuliert: »Meine Mutter ist für mich wie ein Computer im Standby-Modus. Ihre Aufgabe ist erfüllt. Ich brauche sie momentan nicht, ich kann ohne sie leben. Sollte ich den Computer aber wieder brauchen, bewege ich nur die Maus kurz hin und her und der Computer ist wieder voll da. So auch meine Mutter. Wenn ich einmal in Not bin, brauche ich nur anzurufen und ich bin mir sicher, dass sie mir aus jeder Klemme helfen wird.«

Wie geht es Ihnen, wenn Sie das lesen? Sind Sie merkwürdig berührt? Kann dieser nüchterne Vergleich mit einem Computer wirklich stimmen? Je länger ich über die Worte nachdachte, desto mehr glaubte ich: »Er hat den Nagel auf den Kopf getroffen.« Auch wenn uns diese Unabhängigkeit zunächst traurig stimmt, ist sie doch eigentlich unser Ziel: Kinder zur Lebenstauglichkeit zu erziehen, so dass sie eines Tages ohne uns auskommen und uns nicht mehr brauchen. – Es dauert etwas, bis wir diesen neuen Abschnitt in unserem Leben genießen und mit unserer neuen Freiheit etwas anfangen können.

Eine Frau erzählte, dass ihr Sohn ihr einen Korb schmutziger Wäsche nach Hause brachte, weil seine Waschmaschine gerade kaputt war. Lachend begrüßte er sie mit den Worten: »Na, Mama, gib doch zu, dass es dir guttut, meine Wäsche zu waschen.« »Na, ob du dich da mal nicht irrst«, gab sie zurück. »Du weißt ja, wo die Waschmaschine steht und kannst sie gerne benutzen.«

Genauso sind vielleicht die Söhne und Töchter auch im Standby-Modus. Meistens leben sie ihr eigenes Leben, aber wenn die Eltern in Not geraten, werden auch sie zur Stelle sein, um uns unter die Arme zu greifen.

Helfen

Für viele ist es selbstverständlich, dass die erwachsenen Kinder helfen. »Kannst du mal eben die Äpfel pflücken, den Müll runterbringen oder mir einen Kuchen backen?«, sind nur einige Bitten. Die Eltern fühlen sich dadurch geliebt und geehrt. Andere bezahlen ihre Kinder für geleistete Hilfe: »Wenn du einen Samstagvormittag kommst, den Rasen mähst, das Laub rechst und die Terrasse mit dem Hochdruckreiniger bearbeitest, gebe ich dir 50 Euro.«

Eine junge Frau, die nicht mehr zu Hause wohnte, beschwerte sich: »Sobald ich ins Haus komme, um meine Mutter zu besuchen, überfällt sie mich mit einer Liste von Arbeiten. Ich habe gar keine Lust mehr, sie zu besuchen.«

Es ist nicht leicht, in der richtigen Haltung um Hilfe zu bitten, sodass es kein Einfordern ist, sondern die Eltern auch ein »Nein« oder

»Später« akzeptieren können. Leicht mischt sich ein Unterton der Missachtung hinein, wenn der andere nicht sofort hilft.

Auf der anderen Seite ist es auch nicht leicht, in der richtigen Herzenshaltung Hilfe zu geben. Viele Helfer fühlen sich ausgenutzt, vergleichen ihren Arbeitsaufwand mit dem der Geschwister oder fragen sich, warum sie immer alles machen müssen, nur weil sie als Einzige in ihrer Geburtsstadt geblieben sind.

Setzen Sie Grenzen und treffen Sie Absprachen. »Mama, ich helfe dir gerne zwei Stunden pro Woche. Mehr schaffe ich neben meiner Arbeit oder meiner Familie aber nicht. Lass uns gemeinsam überlegen, ob es Arbeiten gibt, die du unbedingt durch mich gemacht haben möchtest und welche wir von jemand anderem erledigen lassen können.« Vielleicht würden Sie sagen: »Ich komme gerne einen Nachmittag pro Woche oder Monat, aber dann würde ich es schön finden, wenn wir die Zeit aufteilen: erst arbeite ich eineinhalb Stunden und dann nehmen wir uns noch bei Kaffee und Kuchen eineinhalb Stunden Zeit für einander.«

Sprechen Sie die anfallenden Arbeiten auch mit Ihren Geschwistern und Kindern ab. Man muss nicht alles alleine machen. Organisieren Sie, wer die regelmäßigen Arbeiten wie Hausputz, Wäsche waschen, Bügeln, Einkaufen und Kochen übernimmt und wer für unregelmäßige Dienste wie Fahrten zu Arztbesuchen, Wäsche waschen bei Krankenhausaufenthalten oder die Versorgung des Hundes während des Urlaubs zur Verfügung steht.

Zeit miteinander verbringen

Eltern fühlen sich geehrt, wenn man sie besucht oder zu sich nach Hause einlädt. Sehr willkommen sind auch gemeinsame Unternehmungen, die Erinnerungen an die Zeit mit den eigenen Kindern wieder lebendig werden lassen. Laden Sie die Eltern zu Geburtstagen, zur Einschulung des Kindes oder einfach zu einer Grillparty ein. Vielleicht lieben Ihre Eltern Konzerte, Museen oder Sportveranstaltungen.

Persönlich haben wir erlebt, dass man auf Spaziergängen sehr gut ins Gespräch kommt, oft zu zweit und in wechselnden Konstellationen. Ich empfehle auch Zeiten nur mit einem Elternteil. Sie sind wie Edelsteine, diese Zeiten zu zweit: Vater und Sohn, Mutter und Tochter;

Vater und Tochter sowie Mutter und Sohn. Manche Menschen fahren auch gemeinsam in Urlaub oder besuchen sich dann. Es ist interessant, wie anders sich Eltern und Kinder manchmal in entspannter Atmosphäre ohne den Berufsalltag verhalten.

Anerkennung geben

Auch Eltern brauchen Lob für ihre Kochkünste, die Weihnachtsdekoration oder das reparierte Fahrrad. Man kann Anerkennung aussprechen, man kann sie per Karte, Brief, SMS oder E-Mail schreiben oder man kann sich eine Überraschung ausdenken.

> Jeder Mensch freut sich über Komplimente, auch Eltern.

Geschenke machen

Wann haben Sie zuletzt den Eltern ein kleines Geschenk gemacht? Es gibt viele Gelegenheiten dazu: an Weihnachten, am Geburtstag, am Mutter- oder Vatertag oder einfach einmal zwischendurch. Dabei ist die Größe des Geschenkes nicht so wichtig, sondern die Tatsache, dass man an sie gedacht hat. Selbst eine Postkarte aus dem Urlaub, eine Spruchkarte, eine SMS, eine E-Mail oder ein Brief werden als Geschenke aufgefasst. Machen Sie doch einmal ein Foto, lassen einen Papierabzug machen und schicken Sie Ihren Eltern ein aktuelles Bild von Ihnen oder Ihrer Familie.

5. Eltern ehren bedeutet, sie so zu behandeln, wie man selbst behandelt werden möchte

Großmutter und ich

Der Mensch lernt am Vorbild. Das, was uns vorgelebt wird, wird als Schatz in uns angelegt. Als meine Eltern ein Haus bauten, war es für sie selbstverständlich, eine Eigentumswohnung für meine verwitwete Oma mitzuplanen. So zog meine Großmutter zu uns, als ich zehn Jahre alt war, und blieb bis zu ihrem Tod in unserem Haus.

Anfangs hat sie sich selbst versorgt, später kauften wir für sie mit ein und bekochten sie. Nicht nur meine Eltern waren in diesem Punkt sehr prägend, sondern meine Oma war ihrerseits auch ein Vorbild für mich. Sie sagte immer: »Nur einmal in der Woche komme ich zu euch zum Mittagessen, am Sonntag, damit Ihr als Familie auch genug Zeit für euch habt.« Wir konnten sie jederzeit in ihrer Wohnung in unserem Elternhaus besuchen, darüber freute sie sich sehr. Aber sie achtete darauf, dass wir unsere Privatsphäre hatten. Jeden Tag klopfte mal der eine oder andere an ihre Tür. Ich habe viel von meiner Oma gelernt, auch viele weise Sprüche. Sehr wertvoll war auch, dass sie in ihrer Wohnung sterben durfte. Wir bekamen als Kinder mit, wie sie immer schwächer wurde, immer weniger Luft bekam, dann in einem Pflegebett in ihrem Wohnzimmer lag und schließlich ihren letzten Atemzug machte. Wir durften begreifen, dass sie kälter wurde und nicht einfach nur verschwand. Es ist ein kostbarer Schatz, den ich in mir trage, dass der Tod zum Leben dazugehört und dass alte Menschen immer noch ein Segen sind. So sagte meine Oma ein halbes Jahr bevor sie starb: »Weißt du, Ute, es scheint so, als ob Gott mich hier auf der Erde noch gebrauchen kann, denn meine Hände kann ich immer noch für euch falten und euch dadurch im Gebet tragen.« Solche Erfahrungen bleiben im Gedächtnis, auch wenn sie zum Zeitpunkt des Erlebens vielleicht nicht gleich verstanden werden.

Vater und ich

Als dann ihr Sohn, mein Vater, nicht mehr ohne Hilfe in seinem Haus leben konnte, haben wir nicht lange gezögert, ihn aufzunehmen. Erst stellten wir ein Bett für ihn in unser Wohnzimmer. Doch das konnte nur eine Zwischenlösung sein. Nach ein paar Wochen sprachen wir darüber, wie es weitergehen könnte. Wäre er bereit, sein Haus zu verkaufen und die Stadt zu verlassen, in der er als Landarzt gewirkt hatte? Viele sagen, dass man einen alten Baum nicht mehr verpflanzen soll. Das war auch der Wunsch meines Vaters. Trotzdem verschloss er die Augen nicht vor der Realität: dass es besser sein würde bei einer der beiden Töchter zu leben als in einem Alten-

> Das Vorbild spricht lauter als das gesprochene Wort.

heim. Er willigte ein. Und auch wir willigten als ganze Familie ein. Wir mussten unser Haus verkaufen, in einen anderen Stadtteil ziehen und lieb gewonnene Nachbarn verlassen. Für die Kinder bedeutete es, Sportvereine und Schulen zu wechseln. Jeder brachte seine Opfer. Und dann war es soweit. Wir fanden ein größeres Haus und bereiteten alles vor, beide Häuser zu verkaufen. Mein Vater konnte mitentscheiden, welche Zimmer er bewohnen wollte und dann bauten wir sie behindertengerecht um. Schließlich zogen wir Stück für Stück um.

Das Vorbild oder Vorleben spricht lauter als das gesprochene Wort. Deshalb bekommen junge Leute auch den Rat, sich anzusehen, wie die Eltern der Braut oder des Bräutigams miteinander umgehen und wie der Partner seine Eltern behandelt. Man sollte die Augen davor nicht verschließen. Das fängt schon klein an. Kennen Sie die folgende Geschichte von Leo Tolstoi, die ich frei nacherzählen möchte? Sie rüttelt mich immer wieder wach:

Der alte Großvater und sein Enkel

Auf einem alten Bauernhof lebte der fünfjährige Mischa zusammen mit seinen Eltern und dem Großvater. Der Großvater konnte seine Hände nicht mehr still halten und so kam es vor, dass er seine Suppe oder den Kaffee verschüttete. Mischas Mutter schimpfte immer öfters mit dem alten Mann und beschloss eines Tages, dass er an einem Extratisch essen sollte. Der Großvater wehrte sich nicht, aber seine Augen sahen traurig aus.

Eines Tages schnitzte Mischa einen Tisch aus einem Stück Holz. Interessiert fragte der Vater: »Mischa, wieso schnitzt du einen Tisch?« »Ach, guter Vater, das ist der Tisch, an dem die liebe Mutter und du einmal sitzen werdet, wenn ihr alt seid.« Da schaute der Vater seine Frau an. Beide schämten sich und luden noch am gleichen Tag den Vater ein, wieder mit ihnen zusammen zu essen.

- Wie wurde Ihnen vorgelebt, mit Eltern und Großeltern umzugehen?

Unbewusst machen wir in der nächsten Generation dasselbe, was wir selbst in unserem Elternhaus erlebt haben.

Kernaussagen zum 1. Kapitel:
Eltern ehren – aber wie?

- Die Eltern zu ehren bedeutet, dankbar zu sein für alles, was die Eltern taten, damit man heranwachsen konnte. Besonders wertvoll ist ein Dankesbrief, den Mutter und Vater immer wieder einmal lesen können.

- Ehren kann ich nur denjenigen, mit dem ich auch eine ausgesöhnte Beziehung habe. Viele Verletzungen geschehen auf dem Weg zum Erwachsenwerden. Sie sollten beiderseits angesprochen und wenn möglich vergeben werden.

- Die ältere Generation zu ehren geschieht, in dem ich Interesse an ihrem Leben zeige und sie in ihren Lebenswegen und Erfahrungen, sowie ihren früheren und heutigen Wünschen und Träumen kennenlerne. Empfehlenswert ist ein gemeinsamer Abend über den Austausch von Segenslinien in den Generationen.

- Ganz praktisch kann man füreinander eintreten, indem man sich bei der Arbeit oder in Not hilft, wobei sich keine Seite überfordert fühlen darf. Geehrt und geliebt fühlt sich ein Mensch, wenn man Zeit für ihn hat, ihn mit menschlicher Nähe und Wärme umgibt, ihn lobt und ihm Geschenke macht.

- Der Mensch lernt am Vorbild. Meine Prägung aus dem Elternhaus wird mein Verhalten meinen Eltern gegenüber bestimmen. Deshalb der Rat: »Behandeln Sie Ihre Eltern so, wie Sie gerne behandelt werden wollen.«

Stichworte: Dank, Versöhnung, Interesse, Hilfe, Wertschätzung.

2. Kapitel:
Wie aus Erziehung Beziehung wird

Im August und September 2010 wurden 1 500 Kinder im Alter von 6 bis 14 Jahren und deren Mütter vom Marktforschungsinstitut Synovate im Auftrag des Kinderhilfswerkes UNICEF und der Kinderzeitschrift Geolino nach ihren Wertevorstellungen befragt und was ihnen im Leben wichtig ist.

Eva Quadbeck[5] schreibt in dem Artikel »Kluge Kinder«: »Die Kinder erweisen sich als Idealisten, die den Wert der Familie weit wichtiger schätzen als Geld und Besitz. Zugleich zeigen sie sich als Realisten, die bereit sind auf die Anwesenheit der Eltern zu verzichten, wenn es denn dem Zweck des Gelderwerbs dient.

Vertrauen, Respekt und Gerechtigkeit

Kluge Kinder eben.« In dem ausführlichen Artikel »Kinder: Vertrauen zählt mehr als Geld«, schreibt die gleiche Autorin[6], dass 95 Prozent der 6- bis 14-jährigen Kinder Freundschaft und Familie als total wichtig einstufen. Vertrauen, Respekt und Gerechtigkeit hätten an Bedeutung zugenommen. Eine Zehnjährige schrieb: »Geborgenheit heißt, dass ich ein schönes Zuhause habe und meine Eltern immer für mich da sind und sich nicht scheiden lassen.«

Ich habe mir darüber Gedanken gemacht, wie wir die Sehnsucht der jungen Menschen nach Vertrauen, Respekt und Gerechtigkeit in unseren Familien umsetzen können.

Vertrauen bilden – Kinder lieben

Von Natur aus vertrauen Kinder ihren Eltern solange, bis sie immer wieder enttäuscht werden. Man spricht auch von Urvertrauen, das Kinder brauchen, um gesund heranwachsen zu können. Kinder sind darauf angewiesen, dass man sie liebt und sich an sie bindet. Sie fühlen sich geborgen, wenn man ehrlich mit ihnen ist, sich an ihnen und über sie freut und Zeit mit ihnen verbringt. Mama und Papa bilden den sicheren Rahmen, in dem sie sich bewegen können, deshalb ist es wichtig, dass dieser Rahmen stabil bleibt. Das Beste, was Sie Ihrem Kind geben können, ist eine krisenstabile Ehe, in der Treue und gegenseitige Wertschätzung vorgelebt wird.

Vertrauen bilden durch Bindung

Vertrauen in die Verlässlichkeit der Eltern ist für den Nachwuchs überlebenswichtig. Sie schreien und erleben, dass man ihnen Nahrung, Kleidung und Nähe gibt. Wenn sie älter werden, lassen sie sich von Mauern herab in die Arme der Eltern fallen oder in die Luft werfen, um wieder aufgefangen zu werden. Solange Papa und Mama dabei sind, kennen sie wenig bis gar keine Angst. Deshalb ist es wichtig, dieses Urvertrauen nicht zu zerstören. Psychologen und Ärzte gehen davon aus, dass dieses Grundvertrauen ins Leben selbst und in andere Menschen in den ersten drei Jahren aufgebaut und angelegt wird. Wir sollten das ernst nehmen und alle, die Kinder bekommen, ermutigen, diese wichtige prägende Zeit den Kindern zu schenken und wenigstens ein Jahr zu Hause zu bleiben. Wissenschaftler[7] haben den Satz »Bindung kommt vor Bildung« geprägt. Wer in der Kleinstkindphase an Bezugspersonen gebunden wird, baut im Gehirn Verschaltungen, die das Lernen später erleichtern und erst richtig ermöglichen.

Bindung kommt vor Bildung.

Vertrauen bilden durch Ehrlichkeit

Lassen Sie uns das Vertrauen auch nicht durch Ironie zerstören. Ironie kann man erst ab einem gewissen Alter verstehen. Wenn Sie zu Ihrer vierjährigen Tochter, die gerade ein Glas fallen gelassen hat, sagen: »Gut hast du das gemacht. Papa muss ja nicht arbeiten und Mama druckt sich das Geld jeden Tag neu im Keller«, dann verunsichern Sie Ihr Kind. Erst im Alter von zehn bis zwölf Jahren kann Ironie verstanden werden und auch Spaß machen. Ihre Tochter braucht jetzt Trost und muss entweder hören, dass Sie nicht sauer sind, da so etwas jedem passieren kann oder Sie müssen ihr helfen, einen Weg der Entschuldi-

Ironie kann Vertrauen erschweren.

gung zu finden: »Papa, das tut mir leid. Wie kann ich das wieder gut machen?«

Noch schwieriger wäre Ihre Reaktion zu verstehen, wenn das Kind das Glas aus Wut auf den Boden geworfen hätte. In so einem Falle würde es klare Grenzen und Ermahnung, wie man mit seiner Wut besser umgehen sollte, benötigen. Es ist nicht richtig, in seiner Wut andere Menschen zu verletzen oder Gegenstände zu zerschlagen.

Ich wünsche Ihnen die nötige Sensibilität, um zu erfassen, ob und ab welchem Alter bei Ihrem Kind Ironie möglich ist.

Vertrauen bilden durch Freude

Welche Einstellung haben Sie Ihren Kindern gegenüber? Freuen Sie sich an ihnen, an ihrer Kreativität, ihren vielen Fragen, ihrer nicht enden wollenden Energie? Oder gehören Sie zu den Eltern, die ständig genervt sind? Manchmal hat man den Eindruck, dass schon die pure Anwesenheit von Kindern Stress verursacht.

Den Kindern zu zeigen, dass man sich über sie freut, schafft Vertrauen und ein positives Selbstwertgefühl.

Wie begrüßen Sie Ihre Kinder morgens? Als ich bei meinen Kindern einführen wollte, dass sie alleine mit Wecker aufstehen sollten, meinten sie: »Mama, es ist doch viel schöner, wenn du morgens kommst. Du machst das viel liebevoller als der Wecker.«

Es gibt so viele Gelegenheiten den Kindern zu vermitteln, dass es schön ist, dass sie auf der Welt sind. Wenn ich mittags die Haustür aufmache oder höre, dass der Schlüssel umgedreht wird, rufe ich aus dem Zimmer, in dem ich mich gerade befinde: »Ich freue mich, dass du kommst.«

Vertrauen bilden durch Rituale

Ich habe die Kinder daran gewöhnt, dass sie immer zuerst Kontakt mit mir suchen, wenn sie nach Hause kommen. Dann wird kurz besprochen, wie der Nachmittag oder Abend weitergeht. Berufsbedingt bin ich ab und zu auf Vortragstätigkeit. Die Kinder bestätigen, dass sie dann viele unangenehme Dinge für sich behalten. Bis zum Abend, wenn Papa kommt, haben sie sie schon verdrängt oder kein Bedürfnis mehr, sie mitzuteilen.

Auch beim abendlichen Zubettbringen kann man viel Liebe weitergeben: eine Geschichte vorlesen und das Kind dabei auf den Schoß oder in den Arm nehmen, Dinge bereinigen, die nicht so gut liefen, sich gegenseitig vergeben und zur Ruhe kommen. Geben Sie dem Kind Geborgenheit durch Rituale, das heißt durch immer wiederkehrende Abläufe, die das Leben stabilisieren. Dann kommen sie besser zur Ruhe und können gut einschlafen.

Rituale schaffen Sicherheit.

Vertrauen bilden durch Absprachen

Oft höre ich Eltern klagen: »Oh nein, jetzt kommt schon wieder ein Wochenende oder noch schlimmer, Ferien. Ich bin froh, wenn die Kinder wieder in die Schule und den Kindergarten gehen.« Denken kann man das ja vielleicht noch, aber wenn die Kinder ständig hören, wie schlimm es ist, dass sie zu Hause sind, hinterlässt das einen faden Beigeschmack. Ein Mädchen konterte mal: »Ich kann nichts dafür, dass ich auf der Welt bin. Das hättet ihr euch früher überlegen müssen, dass ich euch eigentlich nur störe.«

Wären Sie gerne Ihr Kind?

Versetzen Sie sich einmal in die Lage Ihres Kindes. Manchmal hilft ein Perspektivenwechsel. Wie oft vermitteln Sie Ihrem Kind bereits durch den Tonfall, dass es nervt?

Kinder möchten hören: »Ihr seid die wichtigsten Personen in meinem Leben und habt direkten Zugang zu mir. Ihr dürft mich auch in meiner Arbeit unterbrechen, wenn es wichtig ist. Manchmal wird es Situationen geben, in denen ich ungestört ein Gespräch oder Telefonat erst zu Ende führen will oder muss, bevor ich für euch Zeit habe. Das signalisiere ich euch dann. Wenn ich unterwegs bin, habe ich mein Handy angeschaltet, damit ihr mich erreichen könnt.«

Meine Mutter war niedergelassene Ärztin und auch wenn sie in der Praxis war, durften wir sie zwischen zwei Patiententerminen immer fragen, sodass ich nie das Gefühl hatte, dass meine Mutter keine Zeit für uns gehabt hätte. Nicht die absolut gemeinsam verbrachte Zeit macht ein gutes Verhältnis aus, sondern wie die Zeit verbracht wird. Kinder akzeptieren die Berufstätigkeit ihrer Eltern, wenn sie trotzdem vermittelt bekommen: »Du bist mir wichtig.«

Vertrauen bilden durch gemeinsame Feste

Was würden Ihre Kinder sagen, wann es in der Familie am schönsten ist?

Unsere Kinder würden spontan antworten: »An Weihnachten, beim Feiern von Geburtstagen und anderen Festen.«

Weihnachten

Interessanterweise haben unsere Kinder eine Tradition für Weihnachten eingeführt. Sie wollten, dass es jedes Jahr an Heiligabend Pasteten, Geschnetzeltes, frische Champignons und Salat gibt und am zweiten Weihnachtstag eine große Pute, zu der wir eine andere Familie einladen. Diese beiden Gerichte reservieren wir für Weihnachten

Wann ist Familie am schönsten?

und wir freuen uns das ganze Jahr darauf. Traditionen sind nicht nur altmodisch und verstaubt, sondern sie geben auch Geborgenheit und Sicherheit, wenn sie immer wieder neu mit Leben gefüllt werden. An Weihnachten sind alle zusammen und wir spielen Gesellschafts- und Wissensspiele.

Geburtstage

Auch andere Feste zu feiern, macht uns als Familie großen Spaß. Wir entwerfen Einladungen und dekorieren fleißig. Kindergeburtstage haben oft ein Thema, auf das alles abgestimmt ist.

Am Geburtstag ist das Kind König und darf (fast) alles bestimmen.

Das Kind darf sich am Ehrentag sein Lieblingsessen wünschen und die Kuchen, die gebacken werden. Gemeinsam überlegen wir dann, wie der Nachmittag gestaltet werden kann. Außerdem darf das Geburtstagskind auch entscheiden, ob die Geschwister mitfeiern dürfen, wenn seine Freunde kommen oder nicht. Wenn das Geburtstagskind sich gegen die Brüder oder Schwester ausspricht, wird das akzeptiert. Für die anderen Kinder suchen wir dann nach guten Alternativen. Je älter die Kinder wurden, desto öfter nahmen Geschwisterkinder teil. Meistens halfen sie dem Geburtstagskind, sein Fest auszurichten.

Vertauen bilden durch Verwöhntwerden

Man kann Kindern auch zeigen, dass man sie liebt und sich über sie freut, indem man die guten Gerichte, die man in der Regel für den Besuch vorbereitet, auch einmal für die Kinder kocht. Oder wie wär's einmal mit gefüllten Crêpes, flachen Frikadellen in Brötchen oder mit Salat und Aufschnitt oder Käse bestückten Baguettes? Man könnte vorher eine kleine Speisekarte entwerfen, sodass man wählen kann. Es gibt so viele Möglichkeiten, eine gute Familienatmosphäre zu schaffen, in der Kinder spüren: »Wir sind willkommen.«

Als unser 17-jähriger Sohn seine Lehre begann, fragte er: »Mama, ich könnte von 12.00-12.30 Uhr Mittagspause machen und nach Hause kommen, da ich nur fünf Minuten entfernt arbeite. Würdest du extra für mich kochen? Eigentlich müsste das Essen für die Schulkinder ja erst um 13.15 Uhr fertig sein.« Sein Strahlen, als ich »Ja« sagte, werde ich nicht vergessen. Er bedankt sich für jedes Mittagessen: »Mama, die anderen müssen immer Brote essen und sind ganz neidisch auf mich und fragen immer, was du denn heute wieder gekocht hättest.« Ich kann ihn nur noch zweieinhalb Jahre verwöhnen, da er dann auszieht. Solange will ich es gerne noch für ihn tun, weil ich ihn liebe und weil ich dankbar bin, dass er mein Kind ist. Es ist nicht immer leicht. Ich musste mich umstellen, andere Zeiten zum Einkaufen wählen oder auch schon mal ein Treffen mit Freunden früher beenden, aber es lohnt sich!

Vertrauen bilden durch einen sicheren Rahmen

Treue vorleben
Kinder sehnen sich danach, dass sich die Eltern lieben und ihnen Treue vorleben.

Der 17-jährige Justin fragte einmal seinen Vater, ob er der Mama immer treu sein konnte, da er selbst das schon mit seiner Freundin so schwer fand. »Papa, es gibt so viele attraktive Frauen. Wie schafft man es, treu zu sein?« »Wenn du Lust an Treue hast, dann ist es Liebe«, gab der Vater zur Antwort. »Ich liebe deine Mutter so sehr, dass ich unsere Ehe auf gar keinen Fall gefährden will. Aber du hast recht, es ist schwer. Ich habe mich auch einmal in eine Arbeitskollegin verliebt. Aber ich habe die Gefahr erkannt und bin nie mit ihr allein irgendwo gewesen. Außerdem hatte ich den Mut, es deiner Mutter zu sagen. Es hat ihr wehgetan, aber sie hat meine Not im Gespräch gespürt und dass ich es nicht wollte. Das Schöne war, dass ich erlebte, dass das Verliebtsein sofort aufhörte und ich ganz normal mit dieser Frau umgehen konnte. Trotzdem wäre ich nicht mit ihr alleine ausgegangen, um mich nicht in Gefahr zu bringen.«

> Wenn du Lust an Treue hast, dann ist es Liebe.

> Das Beste, was ein Vater für seine Kinder tun kann, ist ihre Mutter zu lieben.

Das Beste, was Sie Ihren Kindern mitgeben können, ist ein sicheres Zuhause. Deshalb ist es so wichtig, an seiner Ehe zu arbeiten. Kinder wollen miterleben, wie Mama und Papa sich mögen, sich auch noch nach zehn Jahren Ehe darauf freuen, Zeit zu zweit zu erleben.

Eltern werden und Ehepaar bleiben

Neulich telefonierte ich mit einem Mann, um ihm zum Geburtstag zu gratulieren. Ich fragte ihn, was er denn heute noch vorhätte. Durchs Telefon konnte ich sein Strahlen spüren: »Ich gehe mit meiner Frau noch in ein Konzert, auf das ich mich schon seit Wochen freue.« »Und was machen eure Kinder in der Zeit?«, fragte ich. »Die sind schon alt genug, sich selbst zu beschäftigen.«

> Liebe verzichtet um einer Person willen.

Ich dachte noch lange über seine Worte nach. Wie viel Botschaft liegt doch in seiner Art Geburtstag zu feiern.

Die erste Botschaft ist, dass man an seinem Geburtstag machen darf, was man am liebsten tun möchte. Der eine feiert mit vielen Gästen, der andere mit seiner Familie und er eben nur mit seiner Frau allein. Sicher dürfen seine Kinder an ihren Geburtstagen auch entscheiden, was sie gerne möchten. Lieben heißt auch, Wünsche ernst zu nehmen.

»Ihr Kinder könnt mir eure Liebe zeigen, indem ihr euch mit mir freut. Ich bin genauso wichtig wie ihr, habe auch Bedürfnisse, Sehnsüchte und brauche Freiräume. Ihr als meine Kinder seid mir ganz wichtig, aber heute bin ich dran.«

Die zweite Botschaft lautet: »Meine Frau ist die wichtigste Person in meinem Leben und mit ihr möchte ich das Konzert ganz allein erleben – so wie früher, als es nur sie und mich gab. Ehe ist ein Geschenk und ich darf es genießen. Es gibt uns als Ehepaar und uns als Eltern. Beides muss Gelegenheiten haben, gelebt zu werden.«

_____
Eltern werden und Ehepaar bleiben.
_____

Gewöhnen Sie Kinder auch an andere Personen wie Großeltern oder Paten, Freunde oder Babysitter, damit Sie Freiräume für sich als Paar haben.

Am besten reservieren Sie sich wenigstens einen Abend in der Woche und ein Wochenende im Jahr. Bei Stillkindern ist das oft schwieriger, sie müsste man vielleicht mitnehmen, aber die größeren Kinder freuen sich oft auch auf das Abenteuer, ein Wochenende woanders schlafen zu dürfen.

»Ich will es ihm gönnen«, hing ich meinen Gedanken noch etwas wehmütig nach, da ich insgeheim gehofft hatte, doch noch zum Kaffeetrinken vorbeifahren zu können. »Ich feiere nämlich gerne mit anderen und habe schon in den Wochen, in denen er sich auf sein Konzert freute, auf eine Einladung zu seiner Geburtstagsfeier gehofft.«

Respekt Kindern gegenüber – Kinder ernst nehmen

Respekt vor dem Leben des Kindes

Manchmal hat man das Gefühl, dass Kinder als Menschen noch gar nicht ernst genommen werden und dass das Leben erst als Erwachsener beginne.

Aber vergessen wir nicht, dass die Kindheit für manche schon das ganze Leben, für andere die Hälfte, ein Drittel oder ein Viertel ist! Wer weiß schon, wie lange ein Kind hier auf der Erde ist? Ich habe mittlerweile schon viele Kinder sterben sehen. Deshalb ist mir dieser Aspekt so wichtig.

Vielleicht stellt man am Ende des Lebens sogar fest, dass es der schönste und unbeschwerteste Teil war.

Ich möchte Achtung vor dem Leben der Kinder haben, auch vor dem der ungeborenen Kinder.

> Die Kindheit ist schon volles Leben.

Ein Rabbiner hat mir einmal erzählt, dass viele gläubige Juden schwangeren Frauen mit großem Respekt begegnen, weil sie immer noch Jesus als Messias erwarten. Jedes Kind im Mutterleib könnte der erwartete König sein.

Mich hat dieser Gedanke sehr angesprochen und ich wünsche mir diese Wertschätzung für alle Kinder. Jeder Mensch hat eine Würde, auch die behinderten Kinder. Wie schmerzhaft muss es für Eltern von behinderten Kindern sein, wenn man ihnen zur Geburt des Kindes nicht gratuliert, sie nicht fragt, wie es ihnen geht und sie meidet.

Ihre Kinder möchten als Menschen wahrgenommen werden, nicht als Schlafräuber, Nervensägen, Sargnägel oder Menschen, die das Potenzial haben, Sie krank zu machen.

Respekt vor den Wünschen des Kindes

Gemeinsam arbeiten

Kinder sehnen sich nach gemeinsam verbrachter Zeit. Immer wieder wollen sie uns gerade als kleine Kinder »helfen«. Sie wollen uns beim Einkaufen im Lebensmittelgeschäft genauso gerne begleiten wie zu Baumärkten. Sie sind begeisterungsfähig und wenn wir unseren Perfektionismus abgelegen, können

> Kinder brauchen Eltern mit viel Geduld, die sich ihrem Tempo anpassen.

sie schon früh dazu motiviert werden, viel zu lernen. Vom Backen bis zum Kochen, vom Putzen bis zum Nähen, vom Nägel ins Holz schlagen bis Schrauben eindrehen, vom Fahrrad reparieren bis zum Anstreichen ist alles interessant, was die »Großen« machen. Kinder sind begeisterungsfähig und lernwillig. Aber sie brauchen Lehrer mit viel Geduld und Menschen, die im Tempo der Kinder gehen.

Ist es nicht wichtiger, dass Ihr Kind Spaß am Bauen eines Katapultes hatte, als dass dieses 100 Prozent funktionstüchtig ist? Letztlich zählt, was die Beziehung fördert. Es ist wichtiger, dass Ihre Kinder gerne mit Ihnen arbeiten als dass alles perfekt geworden ist. Es lohnt sich, Kinder anzuleiten. Am Anfang muss man über Streusel auf dem Küchenboden, einen versalzenen Vanillepudding, schief eingeschlagene Nägel und Lacknasen beim Anstreichen hinwegsehen und trotzdem Worte der Ermutigung finden. Aber am Ende haben Sie selbstbewusste, selbstständige Menschen erzogen, die sich viel zutrauen. Sind Sie Eltern, die hinter ihren Kindern stehen, ihre Gaben entwickeln und nicht nur fordern, sondern auch fördern?

Gemeinsam ein Hobby ausüben

Ich finde es immer wieder begeisternd, wenn Familien ein Familienhobby entwickelt haben.

Neulich war ich zu Gast bei einer Familie, in der alle im Bläserchor aktiv waren: Mutter, Vater und zwei Töchter. Sie machten auch Reisen zusammen und hatten viel Spaß beim gemeinsamen Musizieren.

Suchen Sie ein gemeinsames Hobby als Familie.

In einer anderen Familie sind alle im Tischtennisverein, feuern sich gegenseitig bei Spielen und Wettkämpfen an und haben zu Hause sogar einen speziell eingerichteten Kellerraum, um zu trainieren.

Wieder andere lieben Musicals, Segeln oder die Pfadfinderei.

Es lohnt sich herauszufinden, was allen gemeinsam Spaß macht. In der gegenseitigen Anerkennung der Leistungen erlebt man, respektiert zu werden.

Gemeinsam etwas unternehmen

Kinder lieben es, mit den Eltern Verstecken oder Nachlaufen zu spielen oder zu toben bis alle nach Luft japsen. Die Jahreszeiten locken nach draußen. Was würden Ihre Kinder wählen? Im Winter eine Partie Rodeln, im Sommer eine Wasserschlacht oder sich im Basketball- oder Fußballspielen messen? Im Herbst Drachen steigen lassen oder ein Besuch im Maisfeld und im Frühling eine Schatzsuche im Wald?

Haben Sie gute Ideen für gemeinsame Unternehmungen? Besuchen Sie doch mal einen Bauernhof, einen Zoo oder ein Aquarium.

Wir haben solche Ausflüge auch gerne mit zwei Familien gemeinsam gemacht. Dann können sich die Erwachsenen miteinander unterhalten und die Kinder sind trotzdem fröhlich.

Auch Museen können Spaß machen, wenn es Mitmachmuseen sind. Da staunt man, dass die Kinder auf einmal vier Stunden in einem interaktiven Museum verbringen und dann immer noch nicht nach Hause wollen, weil das Experimentieren so aufregend ist. Auch ein Sportmuseum könnte ein voller Erfolg sein, wenn man die verschiedenen Sportarten ausprobieren kann. Oder wie wär's mit einem Schokoladenmuseum? Stundenlang standen wir an dem Brunnen mit flüssiger warmer Schokolade ...

Tipp: einen Ordner mit Ideen und Zeitungsartikeln über Ausflugsziele anlegen

Man kann auch Straßenmalern zusehen, Künstlern, die Gegenstände, Tiere und Menschen aus Sand oder Eis bauen oder Glasbläsern. Ich habe einen Ordner angelegt und immer Zeitungsartikel über regionale Ausflugsziele gesammelt. Wenn wir dann am Wochenende Lust auf Programm hatten, haben wir oft da hineingeschaut und gemeinsam entschieden.

Individuelle Wünsche des Kindes respektieren

Manchmal scheren Kinder bewusst aus und beginnen ihr eigenes Hobby, um nicht verglichen zu werden. Anna spielt Handball, Melanie lieber Fußball. Andreas nimmt Geigenunterricht, Michael zieht das Klavier vor. Marcel mag die Pfadfinder und Pascal lieber Breakdance. Das müssen wir akzeptieren. Jeder möchte eigene Spuren im Leben hinterlassen und als Original wahrgenommen werden.

Manchmal konkurrieren die Wünsche eines Kindes, auf den Kindergeburtstag des besten Freundes zu gehen, mit den Bedürfnissen der Familie, die einen gemeinsamen Ausflug zum Schwimmen geplant hatte. Lehren Sie Ihr Kind die Balance zwischen Familiensinn und Individualität. Mal muss das Kind um der Verwandtschaft willen auf ein Fußballspiel, ein Konzert oder ein Treffen mit Freunden verzichten und ein anderes Mal feiert die Familie ohne den Nachwuchs Geburtstag, einen Berufsabschluss oder Weihnachten.

Respekt vor der Privatsphäre des Kindes

Das Kind ist ein eigenständiger Mensch und wird sich immer mehr dahin entwickeln, dass es auch ohne die Eltern leben kann. Im Wechsel von Bindung und Lösung ans Elternhaus lernt der junge Mensch, dass er es schafft, immer längere Phasen ohne sein Zuhause auszukommen. Er braucht den Respekt vor seiner Privatsphäre.

Geheimnisse akzeptieren

Kinder dürfen Geheimnisse haben, »Nein« sagen und sich auch von den Eltern abgrenzen. Lesen Sie nicht heimlich E-Mails, SMSs oder Briefe und loggen Sie sich auch nicht unter falschem Namen in Schüler-VZ ein, nur um Ihr Kind zu kontrollieren. Praktizieren Sie lieber eine offene Kommunikation. Wenn Sie etwas wissen wollen, dann bitten Sie Ihr Kind darum, den Brief lesen zu dürfen. Aber wenn das Kind es nicht will, dann akzeptieren Sie es bitte. Ihr Kind wird Sie dafür achten und ehren, wenn Sie seine Grenze einhalten.

Mir hat es einmal geholfen, als jemand zu mir sagte: »Es gibt auch die Gnade des ›Nicht-alles-wissen-Müssens‹.« Das gilt für kleine und auch für erwachsene Kinder. Wollen Sie wirklich über jeden Streich informiert werden, an dem Ihr Sohn beteiligt ist? Wollen Sie wirklich jeden Streit zwischen Ihrer Tochter und Ihrem Schwiegersohn mitbekommen? Ich nicht!

Scham entwickeln lassen

Klopfen Sie an geschlossenen Türen an, bevor Sie eintreten? Ich habe mir das bei meinen Kindern angewöhnt. Ein kurzes Anklopfen, bevor ich die Türe öffne, ermöglicht ihnen sogar zu sagen: »Komme jetzt bitte nicht herein. Ich ziehe mich gerade um, packe gerade ein Geschenk für dich ein oder …«

Privatsphäre heißt, dass ich die Toilettentür und das Badezimmer abschließen darf, wenn sich meine natürliche Scham entwickelt und ich mich nicht mehr nackt vor anderen, auch nicht den Eltern, zeigen möchte. Manche Eltern verstehen nicht, dass Kinder auch irgendwann peinlich berührt sind, wenn ihre Eltern sie nackt sehen. Achten Sie darauf und akzeptieren Sie es einfach.

Schutz aufbauen

Legen Sie keine Scham auf Ihre Kinder, indem Sie Geheimnisse aus-
plaudern oder in Ihren Augen lustige Geschichten erzählen, die aber
für die Kinder peinlich sind. Kinder wollen nicht
im Mittelpunkt der Erwachsenen stehen, schon
gar nicht, wenn sie etwas falsch gemacht haben.

> Kinder reagieren sehr empfindlich, wenn wir über sie lachen.

Kinder unterscheiden nicht zwischen Situati-
onskomik und Fehlverhalten oder Versagen. Egal
aus welchem Grund der Erwachsene lacht, es kann tiefe Spuren der
Scham hinterlassen.

Stärken Sie dem Kind den Rücken, wenn es nicht geküsst, gedrückt
oder umarmt werden will, selbst wenn es Paten und Großeltern sind.
Das ist der beste Schutz gegen sexuellen Missbrauch. »Dein Körper
gehört dir und keiner darf ihn gegen deinen Willen berühren«, muss
die Botschaft lauten.

Wenn Großeltern weit weg wohnen und Ihre Kinder sie nur selten sehen, ist es hilfreich die Kinder auf einen Besuch vorzubereiten.
Erzählen Sie immer wieder von Ihren Eltern (oder Schwiegereltern),
zeigen Sie den Kindern Fotos und lassen Sie die Kinder mit Oma und
Opa telefonieren (oder vielleicht sogar skypen). Bereiten Sie die Kinder
darauf vor, dass sich Oma und Opa freuen würden, die Enkelkinder in
die Arme zu nehmen. Dann wird es den Kindern leichter fallen. Umgekehrt können Sie auch Ihre Eltern (oder Schwiegereltern) bitten, den
Kindern am Anfang etwas Zeit zu geben, bis sich die Beziehung wieder
aufgebaut hat und sie von alleine auf den Schoß der Oma klettern oder
bitten: »Opa, bindest du mir die Schuhe zu?«

Respekt vor der Persönlichkeit des Kindes

Interesse zeigen

Jeder Mensch sehnt sich danach, respektiert zu werden. Er möchte als
Person mit seinen Bedürfnissen, Gefühlen, Stärken und Schwächen
wahrgenommen werden.

Manchmal stöhnen Kinder: »Meine Eltern kennen mich nicht
wirklich. Papa weiß nicht einmal, wann ich Geburtstag habe. Mama
vergisst immer wieder die Namen meiner Freunde und Klassenkame-

raden. Neulich fragte Papa, wann ich denn eine Zahnspange bekäme und dabei trage ich seit einem Monat eine feste Spange. Und Mama hat vergessen, mich nach der Mathearbeit zu fragen, obwohl ich doch so viel dafür geübt habe. Da frage ich mich, ob die wirklich Interesse an mir haben.«

In dem Zusammenhang hat mich die Aussage von Anne Franks Vater sehr beschäftigt. Wir waren zusammen mit zwei unserer Kinder in Amsterdam im Anne-Frank-Haus. In der obersten Etage kann man sich ein Interview ansehen, in dem der Vater sinngemäß sagt: »Obwohl wir ja auf engstem Raum tagtäglich zusammen waren, habe ich meine Tochter erst durch das Lesen ihres Tagebuches kennengelernt. Und ehrlich gesagt, glaube ich, dass das allen Eltern so geht: Sie kennen ihre Kinder nicht und wissen nicht, was sie denken und was sie beschäftigt.«

- Stimmt das? Kennen Sie Ihr Kind auch nicht?

Schaffen Sie Gelegenheiten, in denen Ihr Kind reden kann. Zu Hause ist es oft zu hektisch, zu viele wollen etwas von Ihnen. Nehmen Sie sich ab und zu Zeit, nur mit *einem* Kind etwas zu unternehmen. In welchen Kinofilm würde Ihr Sohn gerne gehen? Welchen Burger würde er sich bestellen? Wie heißt seine Lieblingsband? Welche Schuhgröße hat Ihre Tochter? Was ist ihre Lieblingseissorte? Wovon träumt sie?

Lernen Sie Ihr Kind kennen!

Gehen Sie doch zusammen Pizza essen, ins Kino oder ausnahmsweise einmal Squash spielen, auch wenn es teuer ist. Es hinterlässt tiefe Spuren im Leben Ihres Kindes. Verbringen Sie einen gemeinsamen Tag in einer anderen Stadt. Auch erwachsene Kinder freuen sich über Einzelaktionen. Demnächst werde ich mit meiner Tochter in ein kleines Theater gehen. Die sechs Söhne und Papa sind nicht dabei. Wir werden es sicherlich genießen.

Eine andere Möglichkeit, selbst noch etwas über Teenagerkinder zu erfahren, ist es, Fahrdienste anzubieten. In der Schule, in Vereinen und Gemeinden werden immer wieder Eltern gesucht, die die jungen Leute von A nach B transportieren. Man erlebt etwas zusammen und ab und zu ist der Sohn oder die Tochter sogar der Beifahrer.

Im Alltag stolpert man eher über nicht aufgeräumte Schultaschen und Schuhe, regt sich über nicht geschlossene Schränke und Türen auf oder ärgert sich über die Festtagsbeleuchtung auf allen Etagen. So bleibt wenig Raum für Bewunderung und Lob.

Es tut so gut, wenn Papa stolz auf meine Zwei in Deutsch ist, wenn er honoriert, dass ich zwei Tore geschossen habe oder er nicht nur durch mein Geigenspiel genervt ist, sondern sich lobend dazu äußert. Wann hat Mama sich zuletzt bedankt, weil ich ohne zu klagen die Küche aufgeräumt habe, am Samstag Brötchen holte oder den Babysitter für Jonathan spielte? Natürlich kann man sagen, dass das alles doch selbstverständlich ist. Es ist nicht der Rede wert, als Familie hilft man sich schließlich. Trotzdem tut Lob gut, erwärmt die Seele und zollt Respekt.

> Anerkennung ist wie Öl im Getriebe, das die gegenseitige Reibung mindert.

Vorbild sein

Um eine Persönlichkeit zu werden, braucht Ihr Kind gute Vorbilder. Menschen, die ihm glaubhaft vorleben, wie Menschsein geht, an denen es sich orientieren kann und die ihm gute Werte vorleben.

Vor Kindern können Sie nichts verbergen. Die durchschauen Sie und ab einem gewissen Alter hinterfragen sie Sie gnadenlos: »Papa, warum rauchst du, wenn auf jeder Packung steht, dass das tödlich sein kann?« – »Mama, warum gehst du Oma nicht im Krankenhaus besuchen, obwohl sie so krank ist?« – »Paps, warum soll ich am Telefon sagen, dass du nicht da bist?« – »Mami, warum soll ich sagen, dass meine Hefte Bürobedarf für unseren Laden sind?« – »Dad, warum hast du am Telefon gesagt, dass du dich auf den Besuch von Petra freust, obwohl du sie nicht leiden kannst?« – »Mama, wieso müssen Hans und ich uns immer wieder vertragen, aber du sagst, dass du mit Papa nicht mehr zusammenleben kannst?«

> Kindererziehung ist eigentlich zwecklos, weil Kinder uns sowieso alles nachmachen.

Leben Sie authentisch? Das ist die beste Voraussetzung, um als Eltern von den Kindern geehrt zu werden. Und ehrlich gesagt, ist es auch viel weniger anstrengend. Jede Lüge ist anstrengend und zieht oft eine neue Lüge nach sich. Hinterher verstrickt man sich in ein wahres Lügengespinst.

Bereit sein zu erziehen

Erziehung ist harte Arbeit. Jedes Kind braucht Erziehung. Könnte man vielleicht sogar sagen, dass jedes Kind ein Recht auf Erziehung hat? Um reife Persönlichkeiten zu werden, müssen Kinder lernen, mit Niederlagen, Grenzen und Autoritäten angemessen umzugehen. Wir haben immer gesagt: »Wir können über alles reden. Ihr sollt diskutieren lernen, aber wir haben immer noch das Recht der letzten Entscheidung.« Das kann für beide Seiten schmerzhaft sein.

Wir als Eltern brauchen viel Disziplin, wenn wir aufgestellte Regeln auch umsetzen wollen. Werden Sie auch manchmal um den Finger gewickelt? Einige Kinder können das besser als andere. Manche spielen auch den Vater gegen die Mutter aus, um ihren Willen zu bekommen.

Auch veränderte Umstände können Anordnungen außer Kraft setzen.

Hatten Sie nicht gesagt, dass es heute keine Süßigkeiten mehr geben würde? Doch dann kam überraschend Besuch und schon wurden Kekse und Schokolade angeboten. Erst abends im Bett erinnern Sie sich an Ihre Inkonsequenz.

Wir machen uns unglaubwürdig, wenn wir Strafen androhen und sie dann nicht durchführen. Letztlich verlieren die Kinder jeden Respekt vor uns. Andererseits muss man manchmal situationsbedingt etwas Gesagtes auch zurücknehmen.

Angemessene Strafen finden

Wir haben oft gesagt, dass es mit das Schwerste ist, angemessene Strafen zu finden, die im Zusammenhang mit der Tat stehen, eine gewisse Logik haben und auch durchführbar sind. Strafen Sie sich nicht selbst, indem Sie Kindern verbieten, das Haus zu verlassen. Kinder, die sich wenig bewegen, werden noch aggressiver. Sagen Sie nicht, dass die Kinder nicht zu den Großeltern oder Paten dürfen, wenn sie nicht aufräumen oder sich die Zähne putzen, denn das zieht höchstens, solange die Kinder ganz klein sind. Schnell durch-

So wenig strafen wie möglich, aber dann konsequent sein

schauen sie, dass es sehr peinlich wäre, die Gastgeber anzurufen und aus so einem Grunde abzusagen. Überlegen Sie sich sehr genau, wen Sie mehr strafen – die Kinder oder Ihre Verwandten.

Konsequenzen einhalten

Wenn ich vorher zu meinem Kind sage »Solange du nicht die Hälfte des Geldes für deinen Führerschein verdient hast, gebe ich dir nichts dazu«, dann muss ich auch dabei bleiben. Ich tue dem Kind keinen Gefallen, wenn ich ihm dann zu seinem 18. Geburtstag den gesamten Führerschein bezahle. Das Kind fühlt sich im Nichtstun und seiner Annahme bestärkt: »Papa zahlt ja trotzdem. Da wäre ich ja schön blöd gewesen, wenn ich im Supermarkt die Regale für sechs Euro pro Stunde eingeräumt hätte.«

Manche Eltern versprechen: »Wenn du bis zum 18. Lebensjahr nicht rauchst, bezahlen wir dir einen Teil des Führerscheins.« Das ist auf jeden Fall einen Versuch wert, da die deutsche Krebsgesellschaft[8] in ihrem Artikel »Rauchen – Zahlen und Fakten« veröffentlicht, dass 82 Prozent der erwachsenen Raucher vor ihrem 20. Lebensjahr angefangen haben. Wer also einmal das 20. Lebensjahr erreicht hat, ohne mit dem Rauchen anzufangen, der hat gute Chancen, sein Leben lang Nichtraucher zu bleiben. Aber wie verhalten Sie sich, wenn Sie herausfinden, dass Ihr Kind doch immer wieder raucht oder Sie sogar belügt? Ich mache Ihnen Mut, dann auch konsequent zu sein und keinen Zuschuss zum Führerschein zu geben.

Ich habe lange gebraucht, die negativen Entscheidungen meines Kindes stehen lassen zu können.

Eine Lehrerin sagte einmal zu einem Kind: »Dein Verhalten zeigt mir, dass du auf unserer Schule nicht bleiben möchtest. Du machst selten Hausaufgaben, lernst nichts für eine Klassenarbeit und störst oft den Unterricht durch Reden. Unsere Schule ist eine Privatschule. Du hast am Anfang deiner schulischen Laufbahn unterschrieben, dass du mitarbeiten willst. Ich schaue mir dein Verhalten noch ein Vierteljahr an. Wenn sich nichts ändert, wirst du die Schule verlassen.« Das Kind verließ die Schule, fand eine neue Schule, ohne sein Verhalten zu ändern, blieb sitzen, verließ auch diese Schule, bevor es die nötige Reife hatte, keine Umwege mehr zu gehen.

Für Eltern ist ein solches Verhalten oft schwer auszuhalten. Fehlverhalten des Kindes und Kritik am Kind berührt immer auch das Selbstwertgefühl der Eltern und hat den Beigeschmack, etwas falsch gemacht zu haben.

Vielleicht hilft den betroffenen Eltern, dass solche Zeiten meist nur vorübergehende Phasen sind, oft im Rahmen der Selbstfindung oder Pubertät auftreten, und dass viele berühmte Männer und Frauen krumme Wege in ihren Biografien hatten.

Respekt vor meiner Berufung

Auf dem Leben Ihrer Kinder liegt eine Berufung zum Bäcker, Lehrer, KFZ-Mechatroniker, Arzt, Politiker, Mutter, Vater, Clown oder was auch immer. Und wir haben die Verantwortung, diese Gaben zu wecken und zu fördern, optimale Verhältnisse zu schaffen, sodass die Kinder ihr Potenzial entfalten können. Schauen Sie genau hin, wo die Gaben und Stärken liegen. Kinder brauchen Rückenwind für ihren Weg. Sie brauchen Menschen, die an sie glauben, besonders in Zeiten, wenn kaum mehr Hoffnung besteht, sie sitzen zu bleiben drohen, sie Freunde haben, die ihnen nicht guttun, sie in Süchte hineingeschlittert sind.

Neulich unterhielt ich mich mit einem Vater, der erzählte: »*Ich habe mich vor Kurzem bei einer Lehrerin bedankt, durch die mein Sohn sitzen blieb. Mein Sohn dachte immer, dass keiner mit seiner Drohung, ihm eine Fünf zu geben, ernst machen würde. Während des Schuljahres hatten viele Lehrer trotz der fehlenden Hausaufgaben und der mangelnden Mitarbeit Nachsicht geübt. Auch in den Jahren davor war er immer gerade noch versetzt worden oder hatte es durch eine Nachprüfung noch auf eine Vier geschafft. Doch diese Lehrerin sagte:* ›*Dies sind meine Bedingungen für eine Vier, sonst bleibst du sitzen, da du in den anderen Hauptfächern auch nur Vieren hast. Ich nehme dich in deiner Verweigerungsstrategie und deinem Verhalten, nicht lernen zu wollen, ernst. Ich drohe dir die Konsequenz vorher an und dann ziehe ich sie durch.*‹ *Auch wenn es ihm zuerst sehr wehtat und auch an seinem Selbstwertgefühl kratzte, war es, auf den Lebensweg bezogen, wertvoll.*«

Gerechtigkeit üben – Kinder unterschiedlich behandeln

Was ist gerecht?

Kinder sind sehr empfindlich, wenn es um Gerechtigkeit geht.

Maßstab Anzahl: Es scheint gerecht zu sein, dass jedes Kind von der Schokoladentorte (bei zwölf Stücken insgesamt) zwei Stücke bekommt, wenn es sechs Kinder sind. Wenn es vier Kinder wären, dann drei Stück. Wenn alle Kinder gleich alt sind, würde ich das auch denken. Aber was ist, wenn die Kinder von einem Jahr bis achtzehn Jahre alt sind? Interessanterweise meinen viele Kinder dann immer noch: »gleiches Recht für alle«.

> Viele verstehen unter Gerechtigkeit Gleichheit.

Maßstab Alter: Aber könnte man die Gerechtigkeit nicht auch nach einem anderen Maßstab berechnen, zum Beispiel nach dem Alter? Der Einjährige würde ein halbes Stück bekommen, der Fünfjährige ein ganzes, der Zwölfjährige eineinhalb und der Achtzehnjährige zwei Stück.

Maßstab Bedürftigkeit: Man könnte auch nach der Bedürftigkeit handeln. Wer hat den größten Hunger? Vielleicht hat der Zwölfjährige kein Mittagessen gehabt und könnte deshalb viel mehr essen als der Achtzehnjährige, der Currywurst mit Pommes und Mayonnaise in der Stadt gegessen hat.

Maßstab Leistung: Vielleicht wäre Leistung ein guter Maßstab? Max ist als Achtzehnjähriger im zweiten Lehrjahr als KFZ-Mechatroniker und hat heute stundenlang Winterreifen gewechselt. Er hat am meisten geleistet. Danach kommt die fünfjährige Anne, die den ganzen Morgen Schnee geschippt und anschließend einen Schneemann gebaut hat, während der Zwölfjährige krank im Bett lag und die Einjährige hat in unseren Augen gar nichts geleistet, obwohl sie sich stundenlang am Tisch hochgezogen und sich wieder fallen gelassen hat.

Es gäbe noch viele andere Kriterien. An dem kleinen Beispiel mit der Schokoladentorte sehen wir, wie schwer es ist, Gerechtigkeit zu üben.

Sprechen Sie mit Ihren Kindern darüber, damit sie sich nicht ungerecht behandelt fühlen und damit sie verstehen, wie schwer es auch für Sie als Eltern ist.

Was ist ungerecht?

Meine Schwester und ich bekamen zur gleichen Zeit ein großes Bett. Ich fand das total ungerecht, da sie doch drei Jahre jünger war. Ich bestand darauf, dass das nicht fair sei und kein Argument konnte mich trösten. Natürlich hätte ich auch nichts davon gehabt, wenn sie weiter im Kinderbett hätte schlafen müssen, aber so war mein Empfinden: »Die Erwachsenen sind gemein.«

Oft können wir als Erwachsene solche »Ungerechtigkeiten« entschärfen, aber manchmal müssen wir sie einfach stehen lassen. Und dann erleben wir wieder, dass Kinder ein anderes Empfinden haben als wir Eltern.

Umgekehrt habe ich es nicht als ungerecht empfunden, dass eine Nachbarin nur meiner Schwester eine Nikolaustüte machte. Meine Schwester besuchte die Nachbarin oft, aß mit ihr Reibekuchen, die ich sowieso nicht mochte, und so fand ich nichts dabei, dass nur sie eine Tüte bekam. Meine Mutter konnte diese »Ungerechtigkeit« kaum ertragen und fragte die Nachbarin: »Wo ist denn die Tüte für Ute?«, woraufhin die Nachbarin meinte: »Ute, die kenne ich doch gar nicht wirklich.«

Gerecht ist, gabenorientiert zu erziehen

Wir haben unseren Kindern vermittelt, dass es für uns gerecht ist, jedes Kind seinen Fähigkeiten entsprechend zu erziehen und zu fördern. Wenn ein Kind sehr praktisch begabt ist, muss es kein Abitur anstreben, sondern kann nach der 10. Klasse eine Lehre machen. Später könnten wir es auf dem Weg zum Meister unterstützen oder es hätte die Möglichkeit, nach dem Fachabitur ein Studium zum Lehrer am Berufskolleg zu machen. Er kann aber auch KFZ-Mechatroniker bleiben.

Wenn ein Kind sehr sprachbegabt ist, werden wir versuchen, ihm ein Auslandsjahr oder wenigstens ein paar Wochen Auslandserfahrung mitzufinanzieren. Wenn jetzt aber alle anderen Kinder das gleiche Geld ausbezahlt haben wollten, was so ein Auslandsaufenthalt kostet, dann könnte auch das begabte Kind nicht gehen. Jeder darf den Beruf wählen, den er möchte. Soweit es uns möglich ist, werden wir versuchen, dem Kind dabei zu helfen. Auch dabei gilt, dass die Berufsausbildungen natürlich unterschiedlich viel Geld kosten.

Die Erzieherin könnte sagen: »Warum durfte Martin Arzt werden? Das dauerte doppelt so lang und hat so viel Geld gebraucht.«

Jeder Weg hat seine Vor- und Nachteile. Dafür bekommt man bei den meisten Ausbildungen eine Vergütung und verdient schon lange, wenn der Student immer noch von Stipendien, Bafög oder der Unterstützung der Eltern lebt.

Die Geschenke der Anderen

Viele Kinder halten es kaum aus, wenn ein Geschwisterkind Geburtstag hat und so viele Geschenke alleine bekommt. Sie sind knatschig, weigern sich, aus dem Zimmer zu kommen, wollen nicht mitfeiern. Zum Trost bekommen sie dann manchmal von den Eltern auch ein kleines Geschenk. »Aber ist das richtig?«, habe ich mich schon oft gefragt. Wäre es nicht klüger Kinder zu lehren, jemandem etwas gönnen zu können? Genauso ist es zur Mode geworden, dem jüngeren Kind bei der Einschulung des älteren Geschwisterkindes auch eine (meist kleinere) Schultüte mit Süßigkeiten zu geben. Bei unseren Kindern gab es so etwas nicht. Wir haben den Frust des Kindes ausgehalten und ihm versucht zu erklären, warum heute nicht Weihnachten, sondern Geburtstag beziehungsweise Einschulung ist. An Weihnachten bekommen alle Geschenke, aber am Geburtstag nur das Geburtstagskind und bei der Einschulung nur das Kind, das ab jetzt in die Schule geht.

Gönnen lernen

Interessanterweise kann die Gerechtigkeit des einen auch die Ungerechtigkeit für den anderen sein. Meine Patentante war die einzige Schwester meines Vaters. Sie beschenkte von daher uns Mädchen immer gleich, obwohl ich ihr Patenkind war. Auch meine anderen Paten meinten immer, meine Schwester noch mitbedenken zu müssen. Umgekehrt hatte meine Schwester Paten, die Freunde meiner Eltern waren und somit nur ihrem Patenkind, also meiner Schwester, etwas schenkten. Somit hatte meine Schwester immer viel mehr Geschenke.

Bei unseren sieben Kindern gab es auch keine Gerechtigkeit im klassischen Sinne. Jeder hatte zwar drei Paten, aber die Paten schenkten auch nicht doppelt oder siebenfach, da wir das vorher abgesprochen hatten. Aber Paten sind ja sowieso sehr unterschiedlich. Die einen haben mehr Geld als die anderen zur Verfügung und sind gleichzeitig auch noch großzügig. Einige Menschen machen nicht so gerne zu Weihnachten Geschenke, sondern lieber nur am Geburtstag. Wieder andere vergessen, Geschenke zu besorgen oder geben dem Kind einmal etwas bei einem persönlichen Besuch. Die einen beenden das Schenken mit dem 14. Lebensjahr, die anderen erst nach dem Studium oder der Berufsausbildung. Und schon ist es wieder ungerecht.

Auch die Beziehung zwischen Paten und Patenkind wird sehr unterschiedlich gelebt. Der eine wird vom Patenonkel zum Fußballspiel nach München eingeladen, der andere geht mit der Patentante zum Klettern. Manchmal hat man auch Glück, für ein Wochenende oder eine Woche eingeladen zu werden. Bei sieben Kindern kann man viel lernen, auf jeden Fall kann man gönnen lernen.

Und wie schön, wenn dann ein Kind sagt: »Mama, ich freue mich so, dass der Karsten von seinem Onkel ein Puzzle geschenkt bekommen hat, als er neulich zu Besuch war.« »Bist du nicht traurig, dass er euch anderen gar nichts mitgebracht hat?« »Nee, wieso denn? Karsten will das doch mit uns allen puzzlen. Macht doch alleine gar keinen Spaß.«

Die Steigerung ist dann noch, wenn ich mich für den anderen freue, auch wenn ich gar nichts davon habe.

Wenn Marie dann sagt. »Wie schön, dass Benni Snowboard fahren kann. Ich freue mich für ihn. Er hat sich das immer so gewünscht.«

Kinder beobachten und vergleichen sehr genau. Ich habe immer Adventskalender für unsere Kinder gebastelt. Als sie noch alle zu Hause waren, habe ich für die vier Großen einen gebastelt, den sie abwechselnd jeden vierten Tag öffnen durften. Mittlerweile wohnen nur noch drei zu Hause, die natürlich öfter dran sind.

»Ist das nicht ungerecht?«, fragt der eine den anderen. »Als wir noch zu Hause wohnten, mussten wir alles durch mehrere Kinder teilen.« »Ja, dann ist das jetzt so. Es gibt immer wieder Situationen mit Vor- und Nachteilen, je nachdem in welcher Reihenfolge man geboren wurde. Aber zurzeit hast du es doch gut, Bruderherz, oder vergisst du, dass wir

2. Kapitel: Wie aus Erziehung Beziehung wird

seitdem wir ausgezogen sind, jeder einen selbst gebastelten Adventska-
lender von der Mama für sich alleine hat?« »Ups«, war dann nur noch
die Antwort.

Die Erziehung der anderen

Beim Thema Gerechtigkeit gehören auch immer die Zubettgehzeit
dazu und wann man abends zu Hause sein muss.

»Als ich so alt war wie Julia, musste ich um 21.00 Uhr schlafen. Ihr
seid viel zu nachlässig mit meiner Schwester.« – *»Als ich so alt war wie*
Tobias, durfte ich nur bis 23.00 Uhr raus.«

»Ist das letzte Kind immer das am schlechtesten erzogene Kind?«,
fragen sich da die Älteren. Wir waren auch an so einem Punkt, an
dem die drei Älteren sehr kritisch mit unserer Erziehung der vier Jüngeren ins Gericht zogen. Am meisten beklagten sie die fehlende Stren-
ge bei den Kleinsten. In einigen Punkten mussten wir ihnen recht
geben. In anderen kamen auch die veränderten gesellschaftlichen
Ansichten und medientechnischen Möglichkeiten hinzu. Heutzutage
spricht man die Zeiten nicht mehr so genau ab, wann ein Kind nach
Hause kommen muss, da man es jederzeit mit dem Handy erreichen
kann. Als es noch nicht üblich war, dass Kinder Handys dabei hatten,
machte man sich eher Sorgen, wo das Kind blieb und besprach vor
dem Weggehen, wann genau heimzukommen sei.

Geht den Eltern vielleicht auch irgendwann die Luft aus? Haben Sie
keine Kraft und Lust mehr auf die ständigen Auseinandersetzungen
und Kämpfe? Haben sie bei den Älteren erlebt, dass sie zu streng waren
und lassen deshalb die Zügel schleifen?

Ungerechtes Schicksal

Familiensituation

Viele kämpfen mit ihrer familiären Situation. Tobias will kein Einzelkind sein. Ihm ist oft langweilig. Ina dagegen ist genervt, weil sie
immer alles mit so vielen Geschwistern in einer Großfamilie teilen
muss. Katharina will kein Scheidungskind sein. Ulla leidet darunter,
dass ihre Mutter starb, als sie erst sechs Jahre alt war.

Jeder hat Phasen, in denen er mit dem »Schicksal« hadert. Manche machen es verbal, andere nonverbal durch schlechte Laune oder indem sie sich komplett zurückziehen. »Versuche mich und meine Nöte zu verstehen«, möchte Ihr Kind vielleicht ausdrücken. »Akzeptiere, dass ich manchmal pampig bin, weil ich kein Scheidungs-, Waisen- oder Einzelkind sein will.«

Alltagsenttäuschungen

»Erst verstehen, dann erziehen«, so könnte man manche Situation entspannen. Wie würde es Ihnen gehen, wenn gerade Ihre Gehaltsforderung abgelehnt wurde, Sie ein Tischtennismatch verloren hätten oder Ihr scheinbar bester Freund Lügen über Sie verbreitet hätte? Wären Sie dann nicht auch sauer oder wütend?

Erwachsene haben hoffentlich schon gelernt, ihre Wut nicht an anderen auszulassen. Kinder müssen dies erst noch lernen. Dazu brauchen sie uns, die diese Unreife aushalten und spüren, wann Erziehung *nach* Beziehung kommen muss. Wenn meine Kinder einen Tag oder ein Wochenende bei Oma und Opa waren, habe ich einen »erziehungsarmen« Tag angehängt, weil ich ihre Trauer, die sich oft nonverbal in Unlust oder verbal in Nörgeln äußerte, verstand. Sie mussten sich erst wieder auf ihr Zuhause einstellen.

> Erst verstehen, dann erziehen

Gaben und Schwächen

Das Leben wird oft als ungerecht erlebt. »Warum hänge ich wie ein nasser Sack am Reck, während Simon einen Klimmzug nach dem anderen hinlegt und alle Blicke der Mädchen auf sich zieht?« »Warum muss sich Christine die Vokabeln nur einmal ansehen und schreibt am nächsten Tag den Vokabeltest mit Eins, während ich auf die Schneeballschlacht und eine Fernsehsendung verzichtete und doch nur eine Drei bekam?« »Warum scheinen Zahlen in meinem Kopf Purzelbäume zu schlagen, während Kevin sich auch noch freiwillig zur Matheolympiade anmeldet? Ist das gerecht? Mal ehrlich Mama und Papa, das ist doch ungerecht. Von wegen, alle Menschen sind gleich.«

»Warum schlage ich mich mit ADHS durchs Leben? Warum bin ich ein Mädchen? Warum wurde ich noch am 31. 12. geboren, und muss immer mehr Leistung für die gleiche Note beim Sport bringen als Dominik, der am 01. 01. geboren ist, da die Notenvergabe nach dem Kalenderjahr erfolgt?«

Verstehen Sie, wo der Schuh drückt und lehren Sie Ihre Kinder, dass jeder Mensch anders ist und deshalb auch andere Gaben hat. Auch die, die scheinbar alles können, haben ihre Schwächen. Vielleicht fallen ihnen keine guten Geschenke ein oder sie haben Probleme mit dem Ortssinn, sie sind vielleicht rotgrünblind oder können nicht mit alten Menschen umgehen. Stärken Sie Ihren Kindern den Rücken! Freuen Sie sich mit ihnen, wenn sie Fortschritte machen und trauern Sie mit ihnen über ihr Schicksal. Und dann helfen Sie ihnen, damit umzugehen.

Achtung Vergleichsfalle

Kinder reagieren allergisch, wenn Sie Ihre eigene Kindheit mit ihrer vergleichen und den berühmt-berüchtigten Satzanfang wählen: »Als ich jung war ... (hatte ich auch kein Handy, Internet und Fernsehen.)« Das ist zwar richtig, liebe Eltern, aber begrenzen Sie Ihr Kind nicht auf das, was *Sie* gelernt und wie *Sie* gelebt haben. Sie lebten zu einer anderen Zeit mit anderen Umständen und in einer anderen Gesellschaft. Jede Generation hat ihre eigenen Herausforderungen, ihre schweren und leichten Zeiten.

Gönnen Sie der neuen Generation das, was Sie nicht hatten. Vielleicht sind Sie traurig, dass Ihre Zähne schief und krumm im Mund stehen und jedes Mal, wenn ihr Sohn lacht und dank Zahnspange alle Zähne aufgereiht sind wie die Perlen an der Schnur, gibt es Ihnen einen Stich ins Herz. Oder Sie waren auch sprachbegabt, hatten aber nicht die Chance, ins Ausland gehen zu dürfen. Nun erleben Sie, wie Ihr Sohn ein Stipendium für ein komplettes Jahr in Australien bekommt. Sie können es kaum aushalten und etwas kämpft in Ihnen. Am liebsten würden Sie es verbieten. Aber warum eigentlich? Aus Neid und Missgunst?

Natürlich können Sie Ihren Kindern sagen, dass man sehr gut ohne Handy und Internet leben kann und dass Sie dafür ein lebendiges Beispiel sind. Doch das wird Ihrem Kind nicht helfen. Ihr Kind ist von

Freunden und Klassenkameraden umgeben, die sich per Handy zum Schwimmen verabreden und wenn es selbst kein Handy hat, dann bleibt es außen vor. Viele Lehrer geben mittlerweile Hausaufgaben auf, die man nur lösen kann, wenn man im Internet entsprechende Seiten besucht. Man muss nicht alle technischen Neuheiten mitmachen, man muss auch nicht die Handytrendwünsche und Handyrechnungen der Kinder finanzieren. Aber es reicht eben auch nicht zu sagen: »Als ich noch jung war …« Damit werden Sie Ihrem Kind nicht gerecht. Einigen Sie sich auf ein einfaches Handy am besten mit Prepaid-Karte, damit das Kind nicht zu viel ausgibt. Das Kind darf gerne ein besseres Handy haben. Aber alle Extras kann es sich durch Arbeiten selbst verdienen oder indem es sein Taschengeld dafür einsetzt. Selbst wenn ich mir keine Schuhe für 100 Euro kaufen würde, muss ich meinem Kind zugestehen, dass es sein Geld für teure Schuhe einsetzen darf. Genauso könnte man es mit der Internetnutzung machen: Legen Sie Zeiten fest, an denen das Kind an den Computer darf. Es muss nicht unbedingt einen eigenen haben.

Entschuldigung angesagt

Wenn Kinder Gerechtigkeit einklagen, gibt es Gesprächsbedarf. Vielleicht ist es gut, grundsätzlich über Ihre Einstellung zur Kindererziehung zu sprechen. Aber wenn es Situationen gibt, in denen Sie persönlich tatsächlich ungerecht gehandelt haben, dann ist es wichtig dazu zu stehen und sich zu entschuldigen. Manche Eltern meinen, ihre Autorität zu verlieren, wenn sie sich bei ihren Kindern entschuldigen. Doch ich glaube, dass genau das Gegenteil eintritt. Kinder werden Sie dafür ehren. Oft vergessen Erwachsene Versprechen, besonders wenn sie in ferner Zukunft liegen.

»Wenn du zehn Jahre alt wirst, gehen wir zusammen auf die große Außenbahnanlage Schlittschuh laufen«, verspricht Moni ihrer sechsjährigen Tochter Elena. Das Versprechen ist wie eingebrannt in die kleine Kinderseele. Kinder können in diesem Punkt wie Registrierkassen sein. Und dann kommt der zehnte Geburtstag und die Mama hat keine Ahnung mehr, was sie vor vier Jahren versprochen hat. Elena ist enttäuscht und wütend zugleich.

Oder vielleicht haben Sie mit dem älteren Kind etwas unternommen und dem Jüngeren gesagt: »Das machen wir zwei auch einmal.« Und dann geriet es in Vergessenheit. Stehen zwischen Ihnen und Ihren Kindern noch Rechnungen aus? Das können auch kleine Dinge sein: Ein Eisessen für die zwei in Mathe, der Bau des Eiffelturms aus Lego, eine Radtour zum nächsten Erdbeerfeld.

Vielleicht denken Sie jetzt, dass Sie einiges falsch gemacht haben. Ihre Kinder sind schon groß, und vielleicht selbst schon Eltern. Solange Eltern und Kinder leben, ist Versöhnung immer noch möglich. Laden Sie Ihr Kind zum Essen ein und fragen Sie danach, ob noch irgendetwas zwischen Ihnen steht, oder wie Ihr Kind die Szene, an die Sie sich schmerzhaft erinnern, erlebt hat. Es ist manchmal verwunderlich, dass Eltern und Kinder sehr verschieden über Situationen denken und sie sogar ganz unterschiedlich in Erinnerung behalten. Unser Gedächtnis betrügt uns da oft, sodass es schwer ist, die Wahrheit zu finden. Dann ist es wichtig, einfach die Gefühle des anderen zu akzeptieren und zu respektieren.

> Es geht um gegenseitiges Verstehen und um Versöhnung.

Ich mache Ihnen Mut. Jetzt ist noch Zeit. Die Bitte um Vergebung ist wie Balsam für verwundete Herzen.

Dem Kind Recht verschaffen

Kinder sehnen sich auch danach, dass wir Eltern ihnen Gerechtigkeit gegenüber Geschwistern, Klassenkameraden und Lehrern verschaffen.

Klassenkameraden

Je kleiner die Kinder, desto eher brauchen sie unsere starke Hand. Bitte hören Sie sich erstmal die Anklageschrift Ihres Sohnes an. »Peter hat so stark an meiner Jacke gezogen, dass der Reissverschluss zerrissen ist.« Jetzt braucht das Kind als Erstes Bestätigung, dass Peters Verhalten nicht gut ist: »Das ist aber nicht schön.« Dann könnte man sich die Jacke zeigen lassen: »Zeig mal her, ob ich sie noch reparieren kann. Oh nein, da hast du recht, sie ist kaputt.« »Das ist aber meine Lieblingsjacke. Ich möchte nicht, dass sie kaputt ist.« Nun ist Trost angesagt und die Frage der Wiederbeschaffung: »Was hat Peter denn danach gemacht? Hat er sich entschuldigt? Will er es wiedergutmachen?« Vor dem Gespräch mit Peter und seinen Eltern könnte man vorsichtig fragen. »Muss ich noch etwas wissen, wie es zum Streit kam, bevor ich Peters Eltern anrufe? Vielleicht ist es besser, dass du es mir erzählst, als dass ich es von seinen Eltern höre.« Ihr Kind fühlt sich dadurch ernst genommen und ist seinerseits eher offen, seine Version mit eigenen Schuldanteilen zu erzählen.

Wir haben oft einen großen Fehler gemacht, wenn ein Kind sich über andere beklagt hat. Wie oft haben wir nicht zunächst getröstet und nach Hilfen gesucht, sondern den Spieß sofort rumgedreht und gefragt: »Und was hast du getan? Du bist auch kein Unschuldslamm.« Liebe Mama, lieber Papa, es ist erst einmal egal, was das eigene Kind gemacht hat! Unser Sohn sagte in einer ähnlichen Situation, als wir nur sofort wissen wollten, was er getan hat: »Wusste ich ja gleich, dass ich es besser gar nicht erzähle. Am Ende bin ich wieder der Dumme und an allem schuld. Dann habe ich Ärger mit euch, dem Jungen und die Jacke bekomme ich auch nicht ersetzt.« Welcher Frust über Eltern, die ihm nicht helfen, Gerechtigkeit zu erlangen!

Lehrer

Auch angesichts von Lehrern wünschen sich Kinder manchmal Eltern, die sich vor sie stellen. »Mama, der Lehrer hat mir gesagt: ›Du endest noch bei Hartz IV. Aus dir wird nie etwas.‹« – »Papa, die Lehrerin hat mich beleidigt.« – »Mama, wieso bekommt Katrin eine Eins, obwohl sie nie etwas sagt und ich eine Drei, obwohl ich mich oft melde. Mädchen werden immer bevorzugt.« – »Papa, der Lehrer hat gesagt, dass er mir für die Nachprüfung in Englisch einen Artikel aus der Times geben wird und jetzt hatte ich ein Sonett von Shakespeare. Ich war so geschockt, dass ich mich gar nicht auf den Artikel konzentrieren konnte. Dann hätte er besser vorher gar nichts gesagt.« Gerechtigkeit in der Schule ist für Eltern, Lehrer und Schüler nicht einfach. Das geben die Lehrer auch gerne zu. Wie soll man gerechte Noten geben, wenn man Kinder einmal in der Woche eine oder zwei Stunden lang unterrichtet? Manchmal hat man ja sogar noch Mühe, alle Namen den Kindern richtig zuzuordnen. Ich kenne Lehrer, die am Anfang des

Schuljahres alle Schüler mit Namen fotografieren und sie dann immer dabei haben. So lernen sie schneller und werden sicherer.

Das Kind stark machen, für sich zu kämpfen

Kinder brauchen es, dass man sie selbst stark macht, um ihr Recht zu kämpfen.

Rainer wechselte die Schule und bat den Direktor um drei Dinge: mit Moritz in den Französischkurs, als Wahlfach Spanisch und in die Klasse 9a, in der er hospitiert hatte. Der Direktor sah keine Schwierigkeiten bei der Umsetzung der Anliegen. Am ersten Tag nach den Sommerferien kam Rainer total geknickt nach Hause. Er konnte sich die Tränen nur mit Mühe verkneifen. »Was ist passiert?«, fragte seine Mutter. »Mama, ich kann es nicht fassen. Stell dir vor: Ich bin in der 9c, muss Naturwissenschaften als Wahlfach nehmen und bin nicht mit Moritz zusammen, sondern in dem anderen Kurs. Das ist doch ein schlechter Scherz, ein einziger Albtraum.« »Hast du den Direktor dazu gefragt?« »Nein.« »Lass uns gemeinsam überlegen, was zu tun ist. Es gibt zwei Möglichkeiten: Entweder rufe ich den Direktor an oder du. Würdest du dir das zutrauen?« Überraschenderweise sagte Rainer: »Ja, ich mache das.« »Gut. Lass uns einmal durchspielen, was du sagen willst. Ich bin der Direktor. Wie würdest du mit mir telefonieren?« Dann griff Rainer zum Hörer und wählte die Nummer. Die Sekretärin war dran: »Nein, der Direktor ist nicht zu sprechen, aber die Konrektorin, soll ich durchstellen?« »Ja, bitte.« »Rainer, was gibt es?« Und dann brachte er sein Unverständnis über die drei fehlgeschlagenen Wünsche zum Ausdruck. Die Konrektorin hörte sich alles an und stellte klar, dass sie nichts daran ändern könne und dass er höchstens noch die Option hätte, auf seine alte Schule zurückzugehen. Daraufhin meinte Rainer: »Ich kann und will nicht zurück. Dann akzeptiere ich es eben.«

> Wer kämpft, kann verlieren, wer nicht kämpft, hat schon verloren.

Auch wenn Rainer nichts ändern konnte, hatte er doch einen Riesensprung in seiner Persönlichkeitsreife gemacht. Er hatte für sich selbst um Gerechtigkeit gekämpft.

Und er akzeptierte Gegebenheiten, die er nicht ändern konnte. Er fügte sich und durfte sogar erleben, dass sich alles zum Guten wendete.

Er hatte viel Freude an den Naturwissenschaften und studierte später Physik. In der Klasse 9c fand er gute Freunde. Einmal in der Woche traf er sich mit Moritz, um Französisch zu lernen und da sie in einem Jahrgang waren, fuhren sie sogar gemeinsam auf einen Frankreichaustausch.

Wenn die Werte Vertrauen, Respekt und Gerechtigkeit von den Eltern vermittelt werden, legen Eltern in ihre Kinder eine wichtige Grundlage dafür, jetzt und später geachtet (geehrt) zu werden.

Kernaussagen zum 2. Kapitel: Wie aus Erziehung Beziehung wird

- Kinder vertrauen ihren Eltern von Natur aus. Eine stabile, auf Treue aufgebaute Ehe ist wie ein sicherer Hafen für die heranwachsenden Kinder. Der Nachwuchs braucht elterliche Liebe und eine Atmosphäre, in der man ehrlich mit ihnen ist, sich über sie freut und das auch ausdrückt. Bindung kommt vor Bildung.
- Kinder wollen respektiert und ernst genommen werden. Ihr Leben ist von Beginn an wertvoll. Sie brauchen gute Vorbilder und Eltern, die Interesse zeigen, ihre Privatsphäre akzeptieren, sie in ihren Gaben fördern und auch die krummen Wege aushalten.
- Kinder sehnen sich nach Gerechtigkeit und meinen Gleichheit. Sprechen Sie mit Ihren Kindern darüber, wenn Sie Ihren Nachwuchs den Gaben und Schwächen entsprechend erziehen. Entschuldigen Sie sich bei ihren Kindern für erkannte Ungerechtigkeiten und verschaffen Sie Ihrem Kind Recht.

Stichworte: Vertrauen, Respekt, Gerechtigkeit.

3. Kapitel:
Was geschah vor meiner Geburt?

Woher komme ich?

Wer bin ich? Wie bin ich entstanden? Wer sind meine Eltern? Das sind zentrale Fragen, die jeder Mensch früher oder später stellt und auf die er eine Antwort braucht. Oft ist diese Antwort aber nicht so leicht zu bekommen. Viele Eltern verschweigen ihren Kindern ihre wahre Herkunft oder ihre »Entstehungsgeschichte«, weil sie sich schämen oder schlicht Angst vor der Reaktion der Kinder, Verwandten und Bekannten haben. Viele Ehepaare, die keine Kinder auf natürlichem Weg bekommen konnten, sind da besonders sensibel und leicht verletzbar. Wer erzählt schon gerne, dass er unfruchtbar ist? Empfindet man nicht immer noch ein Gefühl von Versagen, von Scham oder sogar von Schuld dabei? Sich zu outen, kostet etwas. Menschen geben oft abfällige Kommentare, ohne die Vorgeschichte zu kennen und dann fühlt man sich bloßgestellt. Aus Schutz vor dem Gerede behält man das Geheimnis für sich und erzählt nicht, wie das Kind entstanden ist. Manche wollen auch das Kind vor der Wahrheit schützen. Kinder wollen gerne »normal« sein, das heißt: so sein wie alle. Sie wollen Eltern haben, die sich lieben und sie aus Liebe gezeugt haben. Der Zeugungsakt wird verklärt. Es soll schön gewesen sein.

Darf ich die Wahrheit wissen?

Wie unromantisch erscheint dagegen, dass das Kind durch eine Samenspende von der Samenbank entstanden ist und wie schwer zu ertragen, dass man den biologischen Vater nie kennenlernen wird? Damit ich richtig verstanden werde: Ich kann es sehr gut verstehen, dass der Kinderwunsch so groß ist, dass man solche Wege geht. Ich glaube auch, dass man diese Tatsache einem Kind liebevoll beibringen kann, indem man ihm vergewissert, dass es absolut ein Wunschkind ist (was man nicht von allen natürlich entstandenen Kindern sagen kann). Ich möchte mich nur zum Anwalt der Kinder machen und glaube, dass sie ein Recht auf die Wahrheit haben, wenn sie danach fragen. Viele empfinden, dass etwas nicht stimmt, aber die Personen ihres größten Vertrauens sagen nichts und schweigen. Es ist natürlich schwierig, den richtigen Zeitpunkt zu finden, wann Kinder diese Wahrheit gut in ihr Leben integrieren können. Denn auch die Wahrheit kann genauso wie die Lüge einen Schock auslösen. Ich sage auch nicht, dass jedes Kind die Wahrheit hören muss. Denjenigen, die gut mit ihrem Leben klarkommen und nie fragen, muss man es vielleicht auch nicht sagen. Aber spätestens wenn die Kinder fragen, würde ich versuchen, meine Kinder nicht zu belügen. Denn ganz tief in ihrem Unterbewusstsein spüren sie dieses sie verunsichernde Geheimnis; sonst würden sie nicht fragen.

Wo habe ich vorher gelebt?

Unsere Pflegetochter steht mitten im Wohnzimmer. Sie ist drei Jahre alt und fragt mich auf einmal: »Mama, habe ich schon immer hier gelebt?« Ich bin total erstaunt und frage zurück: »Wie meinst du das?« »Habe ich schon immer hier gelebt?«, wiederholt sie ihren Satz und schaut dabei aus dem Fenster in den Garten, so als wollte sie in ihre Vergangenheit sehen. Ich nehme sie auf meinen Schoß und antworte: »Nein, du hast nicht schon immer hier gelebt. Es gab eine Zeit, da hast du bei deiner Großmutter und deinem Großvater gelebt, solange bis der Großvater sehr schwer krank wurde und deine Großmutter nicht mehr genug Kraft hatte, auf ein Baby aufzupassen und ihren Mann zu pflegen. So bist du bei anderen Verwandten gewesen, die dich aber auch nur vorübergehend jeweils für ein paar Wochen nehmen konnten. Schließlich war die beste Lösung, dass du zu uns kamst. Ich war den ganzen Tag zu Hause und hatte schon drei Kinder. Du warst ein Jahr und drei Monate alt, als du hier eingezogen bist.«

Sie schien mit der Antwort zufrieden zu sein. Ich hatte ihr bestätigt, was sie geahnt, gefühlt und gewusst hatte. Sie konnte es nur nicht verstehen, da es ihr ja bisher keiner erklärt hatte. Ich bin überzeugt, dass wir alles, was wir erleben, abspeichern, auch das, was im Mutterleib geschieht. Wir kommen aber willentlich nicht daran. Das Erlebte ist wie hinter einer Nebelwand, wie ein nicht leserliches Blatt oder wie hinter einem Schleier. Wer hilft uns, uns selbst zu verstehen? Wer gibt uns die Informationen, die uns das Gefühlte erklären?

Mein Vater von der Samenbank

Mein Sohn sollte sich anlässlich der Bewerbung für ein Stipendium ein Thema seiner Zeit wählen. Kurz zuvor hatte er einen Artikel mit der Überschrift: »Mein Vater, die Samenbank« gelesen. Als er mir davon erzählte, ging es mir zum ersten Mal so, dass ich dachte: »Solche Probleme kennt meine Generation nicht. Als wir Kinder bekamen, war die Insemination gesetzlich noch nicht erlaubt.«

Erst 1986 wurde in Deutschland die Samenspende als legale Behandlungsmethode der künstlichen Befruchtung genehmigt. Das heißt, dass diese Kinder 2004 volljährig wurden. Man rechnet mit circa 100 000 durch Samenspende gezeugte Kinder[9], die seit diesem Zeitpunkt in Deutschland zur Welt kamen. Viele von ihnen werden nie erfahren, dass der Mann, den sie für ihren Vater halten, »nur« ihr sozialer Vater ist. Manchmal erfahren sie es auf dem Sterbebett der Mutter, manchmal wenn sie 18 sind, doch die meisten werden es nie erfahren.

Im Spiegelartikel[10] »Die Kinder von der Samenbank« schreibt Ralf Hoppe über mehrere selbst betroffene Menschen. Bill Cordary hat in den USA den »Club der Vaterlosen« ins Leben gerufen. Er war selbst 37 Jahre alt, als er von seiner Mutter erfuhr, dass sein »Dad« unfruchtbar gewesen war. Mithilfe des behandelnden Gynäkologen wurde die Mutter dank einer Samenspende schwanger. Sie habe nie gefragt, woher der Gynäkologe den Samen hätte. Cordary beschreibt, dass die Enthüllung für ihn ein Schock gewesen sei. Obwohl er es nicht wusste, habe er es immer geahnt, da der soziale Vater so anders gewesen sei. Corday beschreibt, worunter viele Samenbankkinder leiden, die spät und unvorbereitet ihre wahre Herkunft erfahren: »Es ist nicht nur die Suche nach den wahren Eltern, die sie umtreibt, nicht ein Zuwenig an Identität. Es ist das nagende Gefühl, dass ihre Zeugung ein retortenhafter Vorgang war, kalt und geheimnislos. Es ist das Gefühl, dass jemand sie gemacht hat.«

Rebecca Thompson sagt: »Das ist das Seltsame am Samen. Für die Spender sind es nur ein paar Handgriffe, anonym und schnell vergessen – aber für dich ist es dein Leben. Und damit bleibst du allein.« Sie würde so gerne ihren Vater kennenlernen, weil sie wissen möchte, wer sie ist.

Ralf Hoppe schreibt: »Wer Leben erzeugt, setzt Biografien in Gang. Samenbankkinder sind fast immer Wunschkinder und mit ihrem gesunden Erbmaterial haben sie keinen schlechten Start ins Leben. Dennoch gibt es neben der biologischen Mutter und dem sozialen Vater immer einen unsichtbaren Dritten.«

Wir müssen uns in diese Kinder hineinversetzen. Wenn wir es nicht sagen, müssen sie mit einer Lebenslüge leben. Der Volksmund sagt: »Blut ist dicker als Wasser.« Viele Kinder spüren, dass der soziale Vater anders ist, aber sie würden nie auf den Gedanken kommen, dass sie andere Gene in sich tragen und sich deshalb oft so fremd fühlen. Es gibt keine einfachen Wege und niemand kann vorhersagen, wie sich die Wahrheit für die Kinder anfühlen wird und in welche Krisen sie möglicherweise stürzen.

Der eine oder andere reagiert vielleicht erleichtert, wenn er die Wahrheit seiner Herkunft erfährt, weil er dann weiß, dass er seinen Empfindungen und Ahnungen trauen darf. Endlich wurde das Geheimnis, das über seinem Leben lag, gelüftet. Für viele wird es erst einmal ein Schock sein und sie werden sich die Frage stellen: »Wer bin ich denn dann?« Diesen Menschen Hilfen zu geben, ist eine wichtige Aufgabe.

Wenn Sie persönlich solch eine Geschichte haben, stellen Sie sich wohl auch die Fragen: »Wer ist meine Mutter eigentlich? Warum hat sie das getan? Wie kam sie dazu? Hat sie dabei auch an die Folgen für mich gedacht? Wusste der soziale Vater davon? War er Mitwisser oder weiß er es vielleicht gar nicht?« Eins ist klar und das möchte ich Ihnen zum Trost sagen: »Sie sind ein Wunschkind, auch wenn Sie Ihren leiblichen Vater wahrscheinlich nie kennenlernen werden, da der Name des Spenders anonym bleibt. Ihre Mutter hatte solch eine Sehnsucht nach einem leiblichen Kind, nach Ihnen, dass sie keine andere Lösung sah.«

Viele Menschen wünschen sich nichts sehnlicher als Kinder. Sie haben oft einen langen Weg des Hoffens und Enttäuschtwerdens hinter sich, bevor sie auf die Idee einer Samenspende kommen. Bitte verurteilen Sie Ihre Eltern nicht dafür. Vielleicht kann es Sie versöhnen, dass Sie in den Augen Ihrer Eltern ersehnt waren und mit ganz viel Liebe und Vorfreude ausgetragen wurden.

Im Reagenzglas gezeugt

Der Nobelpreis[11] 2010 für Medizin ging an den Briten Robert Edwards für die In-vitro-Fertilisation. Die schwedische Akademie verwies darauf, dass mehr als zehn Prozent aller Paare weltweit von Unfruchtbarkeit betroffen seien. Der Physiologe hatte zusammen mit dem Gynäkologen Patrick Steptoe die künstliche Befruchtung entwickelt. 1969 gelang ihnen zum ersten Mal eine Befruchtung innerhalb eines Reagenzglases. Am 25. Juli 1978 kam das erste »Retortenbaby«, Louise Joy Brown[12], auf die Welt.

Oliver Wimmelbacher kam am 16. 4. 1982 in Erlangen als erstes deutsches Retortenbaby auf die Welt. Oliver und die Eltern gelten als pressescheu. Diese Zurückhaltung sei nach Ansicht von Experten bei Paaren mit künstlich gezeugten Kindern häufig. »Viele Eltern wollen die künstliche Befruchtung möglichst bald vergessen, weil sie ein Stigma ist und die Paare sich als nicht ganz normal fühlen«, wird Michael Thaele[13] zitiert, der Vorsitzende des Bundesverbandes Reproduktionsmedizinischer Zentren Deutschlands (BRZ).

Der Anteil[14] der in Deutschland zur Welt kommenden Retortenbabys liegt, nach Angaben der Europäischen Gesellschaft für Reproduktionsmedizin (ESHRE), bei 1,5 Prozent aller Kinder, die geboren werden. Man rechnet mit circa 13 000 Retorten-Säuglingen pro Jahr.

Paare, die sich für eine künstliche Befruchtung entscheiden, begeben sich manchmal auf einen medizinischen Marathonlauf. Die 41-jährige Marion Schuck beschrieb in dem Artikel »Der lange Weg zum Wunschkind«[15] sehr anschaulich, dass sie ihren Traum nicht aufgeben wollte.

Sie habe sich sechs Mal künstlich befruchten lassen, bevor es geklappt hat. Zehn Jahre lang habe sie alles medizinisch Mögliche getan und eine große seelische und körperliche Belastung auf sich genommen.

Menschen, die leicht schwanger werden, können sich nicht vorstellen, was es bedeutet, wenn die Wiege leer bleibt. Kinder zu bekommen, scheint doch das Natürlichste von der Welt zu sein. Alle Freunde im Umfeld bekommen Kinder, die Verwandten sticheln ständig: »Na, braucht ihr mal Nachhilfeunterricht in Sachen Liebe? Soll ich vorbeikommen? So schwer kann das doch nicht sein.«

Hinzu kommt, dass die Methode der In-vitro-Fertilisation weiterhin umstritten ist. Die katholische Kirche[16] hat sich anlässlich der Verleihung des Nobelpreises erneut gegen diese Methode ausgesprochen. Die Kirche macht sich zum Fürsprecher für die vielen eingefrorenen Embryonen und für die Embryonen, die sterben müssen, weil sie nicht mehr gebraucht werden oder sogar für Forschungszwecke zur Verfügung gestellt werden. Da für die meisten Menschen Leben und damit Menschwerdung mit der Verschmelzung von Samenzelle und Eizelle beginnt, kann man diese Bedenken verstehen. In Deutschland gilt ein strenges Embryonenschutzgesetz, das es nicht erlaubt, Embryonen einzufrieren. Außerdem dürfen nur maximal zwei bis drei Eizellen auf einmal befruchtet werden und alle entstandenen Embryonen müssen auch in die Gebärmutter der Frau eingesetzt werden. Dadurch erklärt sich auch die Häufigkeit der Mehrlingsgeburten bei der künstlichen Befruchtung. Aber das ist nicht auf der ganzen Welt so.

Nach einem Vortrag über Kindererziehung kam eine Frau auf mich zu und sagte: »Ich habe einjährige Zwillingsmädchen. Bisher habe ich noch niemandem anvertraut, dass es Retortenbabys sind. Nur mein Mann und ich wissen um das Geheimnis ihrer Entstehung. Wir haben es keinem verraten, auch unseren Eltern, Geschwistern und Freunden nicht. Wir wollen nicht, dass darüber geredet wird. Es geht doch keinen etwas an, oder? Meinen Sie, dass das Geheimnis den Kindern schadet? Ehrlich gesagt, würde ich gerne noch mehr Kinder bekommen, aber auf natürlichem Weg geht es bei uns nicht und mein Mann möchte nicht mehr. Er meint, man könne das Schicksal auch herausfordern. Wir sollen dankbar über die beiden sein. Sie sind beide kerngesund. Wer weiß, ob das wieder so gelingen würde.«

»Wird es eines Tages für die Mädchen wichtig sein, wie sie gezeugt wurden? Oder ist die Wahrheit über ihre Entstehung nicht so entscheidend oder sogar egal, da die sozialen Eltern ja auch gleichzeitig die leiblichen Eltern sind?«, geht es mir durch den Kopf. Ich weiß nicht, wie Sie als Eltern entscheiden würden und ob Sie es als Betroffener gerne wüssten. In der Kindererziehung gibt es auch die Gnade des Nicht-alles-Wissen-Müssens. Gilt diese Gnade auch für die künstliche Befruchtung?

Überlegen Sie sich im Voraus, ob Sie Ihre Eltern fragen wollen. Es kann sein, dass Ihre Eltern Sie belügen, weil sie sich und Sie schützen wollen. Oder es kann sein, dass Sie etwas hören, was Sie nicht gerne hören wollen.

Bin ich ein Kuckuckskind?

»Warum liebt eine Mutter ihr Kind meistens mehr als der Vater?«, wurde ich als 15-Jährige von einer Klassenkameradin gefragt. Ich wusste es nicht. Daraufhin sie: »Weil eine Mutter sich immer sicher ist, dass es ihr Kind ist. Ein Vater kann sich nie sicher sein.« Wir lachten beide über diesen »Witz«, ohne zu begreifen, wie häufig das wirklich der Fall ist und welche Dramen oft vorher in Familien ablaufen.

Hans H. Nibbrig[17] schreibt, dass durchschnittlich jedes zehnte Kind der jährlich in Deutschland geborenen 700 000 Kinder laut der »Interessengemeinschaft für Abstammungsgutachten« in Dortmund ein sogenanntes »Kuckuckskind« sei. Diese Kinder bekommen vom offiziellen Vater Unterhalt oder wachsen bei ihrem sozialen Vater auf, der aber nicht der leibliche Vater ist. In Berlin mutmaßen Experten, dass es dort sogar jedes fünfte Neugeborene sein könnte. Auch Joachim Bölsche[18] schreibt unter dem Titel »Zahlväter rüsten zum Wattestäbchen-Krieg«, dass in Deutschland nach diesen Schätzungen weit mehr als eine Million minderjährige »Kuckuckskinder« leben würden.

In dem Artikel »Ist dieses Kind wirklich von mir?« zitiert Wolfgang Michal[19] den Kasseler Evolutionspsychologen Harald Euler sinngemäß wie folgt: »Herr Euler hält das Unterschieben eines Kindes für die wohl tiefste Kränkung, die einem Mann widerfahren könne … Der Kuckucks-

vater würde eine doppelte Fehlinvestition tätigen. Er opfere Zeit, Geld, Nerven und Energie für die Nachkommen eines anderen Mannes und versäume darüber auch noch die eigene Reproduktion. Das würde auch die bizarren Verhaltensweisen eifersüchtiger Ehemänner erklären, deren ›Lügen-Detektor‹ empfindlich hoch eingestellt wäre, weil ein Kuckuckskind den genetischen SuperGAU (GAU = größter anzunehmender Unfall) darstellen würde. Ein übersehenes Alarmzeichen würde hohe Kosten verursachen.«

Oft gehen der Entdeckung von Kuckuckskindern monate- bis jahrelange Verdächtigungen voraus. Viele Streitereien kreisen um dieses Thema und um Eifersucht. Die Spannungen zwischen den Eheleuten übertragen sich auf die Kinder. Manchmal gibt es Andeutungen von Nachbarn, Bekannten und Freunden. Manche wissen etwas, aber keiner scheint etwas zu sagen. Diese Ungewissheit reibt einen auf. Wenn dann auf einmal klar wird, warum der Chef bei der Geburt des Kindes einen Riesenblumenstrauß, Spielsachen und Anziehsachen schickte, zwei Monate später eine Gehaltserhöhung »aus dem Nichts« anordnete und man nachrechnete, dass das Kind gut auf der Weihnachtsfeier der Firma gezeugt worden sein konnte, fallen dem Mann die Schuppen von den Augen und er hat alle Puzzleteilchen zusammen. Dann handelt er oft ganz schnell, zieht aus, fordert einen Vaterschaftstest und bricht jeden Kontakt ab. Manche Männer ziehen auch vor Gericht und stellen Schadensersatzforderungen an den wahren Vater. Für die Kinder aus solchen Ehen bricht oft die Welt zusammen. Sie verstehen gar nichts mehr und werden auch oft nicht über den wahren Sachverhalt aufgeklärt. Emotional sind sie an den sozialen Vater gebunden, lieben ihn und verstehen nicht, warum er auf einmal nicht mehr ihr Vater sein will oder kann. Ein echtes Dilemma.

Es gibt viele Kinder, die ihre wahre Identität nie erfahren werden. Wenn eine Ehefrau durch eine Affäre schwanger wird, wird sie mit ihrem Ehemann schlafen und versuchen, alles zu vertuschen. Weder der leibliche noch der soziale Vater werden es jemals erfahren. Manchmal geschieht es sogar mit dem Wissen des einen oder sogar beider Väter. Ich kenne solche gegenseitigen Übereinkünfte bei Männern, die unfruchtbar sind, mit ihren jeweiligen Ehefrauen. Sie verstecken ihre Unfruchtbarkeit, indem sie ihrer Frau erlauben oder sie sogar bedrängen, mit einem anderen Mann solange zu verkehren, bis eine Schwangerschaft eingetreten ist.

In einer Familie hatten die Freundinnen Anna und Clara Brüder geheiratet. Anna bekam ein Kind, Clara nicht. Es stellte sich heraus, dass es an Claras Ehemann lag. Daraufhin bat das Ehepaar mit Kinderwunsch das andere Ehepaar, ob man es nicht so handhaben könnte, dass Clara mit ihrem Schwager schliefe. Gesagt, getan. Unglücklicherweise sah der kleine Junge seinem Onkel im Laufe der Zeit immer ähnlicher, sodass die Verwandten schon Witze darüber machten. Aber eigentlich dachte sich niemand etwas dabei. Auf dem Sterbebett erzählte Anna ihrer einzigen Tochter Sophie dann von dem Geheimnis, das sie so viele Jahre gehütet hatte. Mittlerweile war sie die Einzige der vier, die noch lebte. Sophie hatte große Mühe mit dem Gehörten umzugehen. Sollte sie ihrem Cousin sagen, dass er in Wirklichkeit ihr Halbbruder sei oder weiter schweigen?

Warum?

Egal welche Lebensgeschichte Ihnen Mühe macht; manchmal bekommt man Frieden ins Herz, wenn man mehr über die Umstände Bescheid weiß, warum jemand sich für den einen oder den anderen Weg entschieden hat. Wir wünschen uns gerne den »normalen, klassischen« Weg und sind oft geschockt, wenn es anders war. Es ist wichtig zu verstehen, wenn nötig zu trauern, den Eltern zu vergeben und dann den eigenen Weg zu finden. Leben ist kostbar. Seien Sie trotz der ungewöhnlichen Umstände Ihrer Zeugung dankbar für Ihr Leben. Sie können Ihren Eltern Fragen stellen, sich auf die Suche nach den leiblichen Eltern machen, aber Sie müssen auch damit fertig werden, wenn Sie belogen werden oder keine Antworten finden. Trotzdem macht Ihr Leben Sinn. »Es gibt erfülltes Leben trotz unerfüllter Wünsche«, hat Bonhoeffer, der evangelische Theologe und Widerstandskämpfer im Dritten Reich, gesagt. Es war für Ihre Eltern bestimmt auch nicht leicht, mit Lügen oder Geheimnissen zu leben. Manchmal hilft es, wenn wir uns in die Lage des anderen hineinversetzen. Wie würden Sie handeln? Können Sie Verständnis für Ihre Mutter, für Ihren Vater aufbringen? Versöhnen Sie sich mit Ihrem Schicksal, schon um Ihrer selbst willen. Dann wird es Ihnen auch leichterfallen, Ihre Eltern zu ehren – trotz allem.

Kernaussagen des 3. Kapitels: Was geschah vor meiner Geburt?

- Kinder empfinden etwas über ihre wahre Identität und stellen zu ihrer Zeit Fragen, die Antworten verlangen.
- Viele Eltern verheimlichen aus Scham die wahren Umstände der Zeugung ihres Kindes oder ihrer Kinder.
- Seit 1986 gibt es viele Kinder, deren leibliche Väter »nur« ihren Samen spendeten. In ihnen bleibt eine tiefe Sehnsucht nach dem Vater.
- 1,5 Prozent aller Kinder, die in Deutschland geboren werden, sind sogenannte Retortenbabys. Meistens verschweigen die Eltern es.
- Man schätzt, dass es 10 Prozent »Kuckuckskinder« gibt. Wenn die sozialen Väter das Geheimnis entdecken, verlassen sie oft tief gekränkt die Familie.

Stichworte: Wunschkinder, Suche nach der wahren Identität, Scham, nicht ehrlich beantwortete Fragen.

4. Kapitel:
Von leiblichen und sozialen Eltern

Soziale Eltern wertschätzen

Ich habe – wie viele von uns – eine Mutter, die mich geboren und großzogen hat, und einen Vater, der mich gezeugt und erzogen hat. Bei manchen Menschen ist das anders. Die haben eine Mutter, die sie zur Welt brachte, und einen Vater, der sie zeugte. Zusätzlich haben sie noch Eltern, die sie als Stief-, Pflege- oder auch Adoptiveltern großzogen. Aus eigener Erfahrung möchte ich Sie bitten, für diese zwei verschiedenen Frauen und Männer nicht die Adjektive *richtig* oder *falsch* zu verwenden.

Wir selbst haben Zwillinge aufgenommen. Sie leben seit ihrer Geburt bei uns. Ich habe oft gehört: »Wer ist denn die *richtige* Mutter von Marcel und Pascal?« Ich habe dann oft verbessert: »Meinst du, wer die Frau ist, die die Kinder geboren hat? Oder willst du wirklich sagen, dass ich eine *falsche* Mutter für die zwei bin? Wer ist denn mehr Mutter für ein Kind: die Frau, die das Leben geschenkt hat, oder die Frau, die 18 Jahre lang das Kind vom Baby bis zum Erwachsenenalter begleitet hat?«

Sprechen Sie nicht von richtigen, sondern von leiblichen Eltern!

Wer hat denn bei allen Unpässlichkeiten an ihrer Seite ausgehalten, sie bei Platzwunden ins Krankenhaus gefahren, sie gefüttert und gewickelt, ihre Wutausbrüche ertragen, ihre ersten Schritte und Sätze gehört? Ich möchte mich nicht als falsche Mutter fühlen, denn wenn es eine richtige Mutter gibt, dann ist die logische Konsequenz, dass ich die *falsche* bin.

Leibliche Eltern ehren

Ich bin der leiblichen Mutter sehr dankbar, dass sie die Kinder ausgetragen hat und dafür ehre ich sie. Das habe ich auch meinen Kindern versucht zu vermitteln. Ehren Sie die leibliche Mutter für die Schwangerschaft und Geburt. Ich habe nie einen Konkurrenzkampf mit der leiblichen Mutter ausgetragen. Es gibt Umstände im Leben, die es nötig machen, Kinder in andere Hände zu geben. Das ist immer mit Schmerzen verbunden, oft gepaart mit einem Gefühl von Unfähigkeit und Versagen. Die Leiterin einer sozialen Einrichtung, die junge Mädchen begleitet, die minderjährig Mütter wurden, sagte mir einmal: »Ein Kind zur Adoption freizugeben, weil man erkannt hat, dass man die Erziehungsaufgabe zurzeit nicht übernehmen kann, ist ein bewundernswerter Schritt. Es gehört eine gewisse Reife dazu, ein Kind abzugeben und wirklich das Wohl des Kindes im Auge zu haben. Die meisten jungen Mädchen wären dazu nicht in der Lage. Sie betrachten das Baby eher wie ein Spielzeug, das ihnen alleine gehört. Sie denken nicht weiter, leben ganz in der Gegenwart und erleben erst, wenn das Kind nachts oft schreit oder sie daran hindert, auszugehen, dass Kinder zu bekommen auch heißt, Opfer zu bringen.«

> Es gehört eine gewisse Reife dazu, ein Kind zur Adoption freizugeben.

Es ist ein schwerer Schritt mit weitreichenden Konsequenzen, wenn ich mein Kind zur Adoption freigebe. Ab diesem Zeitpunkt muss mir niemand mehr etwas über mein Kind mitteilen. Das Kind trägt nicht mehr den Geburtsnamen und wird aus der Erbfolge herausgenommen. Ich bin weder zum Unterhalt verpflichtet, noch muss mein Kind sich später finanziell um mich als Elternteil kümmern. Es wird rein rechtlich zum leiblichen Kind der Adoptiveltern. Auf einer Geburtsurkunde wird zwischen leiblichen und Adoptivkindern nicht unterschieden. Nur auf einer Abstammungsurkunde (die die Adoptiveltern zusätzlich besitzen) steht zum Beispiel Melanie Schmidt, geborene Meyer, während im Stammbuch und auf der Geburtsurkunde Melanie Schmidt stehen würde.

Als Adoptiv-, Pflege- oder auch Stiefeltern sollten wir prüfen, wie unsere Haltung den leiblichen Eltern gegenüber ist. Als wir im Rahmen des Antrages auf Pflegekinder ein Gespräch mit einem Sozialarbeiter führten, fragte er: »Was denken Sie über Eltern, die ihre Kinder abgeben?« Das war eine der ersten Fragen, die er stellte. Als wir antworteten, dass es immer Gründe dafür geben würde und wir uns nicht erlauben würden, darüber zu urteilen, sagte er. »Wenn Sie jetzt gesagt hätten, dass das Verhalten der abgebenden Eltern unmöglich sei und Sie kein Verständnis für solche Handlungen hätten, wären Sie als Pflegeeltern nicht infrage gekommen.« Auch die nächste Frage war überraschend: »Wie sind Sie bisher mit Krisen in Ihrer Ehe umgegangen?« Zuerst dachten wir: »Das geht ihn doch gar nichts an. Das ist aber zu privat.« Aber dann antworteten wir doch, sprachen über meine Krankheit, unsere Fehlgeburt und das Kindererziehungsseminar, das wir besuchten, als die Kinder noch klein waren. »Sie sind ehrlich, das gefällt mir. Denn dann kann ich auch sicher sein, dass Sie mir sagen, wenn es Probleme mit den Pflegekindern geben wird.« In diesem Gespräch bekamen wir zwei Schlüssel in die Hand: »Ehren und ehrlich sein.«

Adoptiveltern – Eltern von Wunschkindern

Wann sage ich's meinem Kind?

Tobias hat ein Jahr lang in einem Kinderheim gelebt, bevor das Akademikerpaar ihn adoptierte. Sie waren kinderlos und freuten sich, Tobias die Geborgenheit eines Elternhauses bieten zu können. Tobias entwickelte sich gut und baute eine tiefe Bindung zu seinen Adoptiveltern auf und schien keine Erinnerung an seine Herkunft zu haben. Er mag zehn Jahre alt gewesen sein, als sein Vater ihn bat, etwas Geld aus dem Tresor zu holen. Voll Stolz drehte Tobias den Schlüssel um, da es das erste Mal war, dass sein Vater ihm den Tresorschlüssel anvertraute. Er nahm einige Papiere aus dem Tresor, die auf der Geldkassette lagen. Plötzlich fiel sein Blick auf ein Dokument: Abstammungsurkunde stand darauf. Tobias starrte darauf, ohne das Wort richtig zu verstehen. Was las er dort: Tobias Wagner, geborener Lanz? Der Vater rief: »Tobias, wo bleibst du denn?« Doch Tobias hörte nichts mehr, seine Gedanken kreisten im Kopf und versuchten zu verstehen, was er las. Kurz danach kam der Vater ins Arbeitszimmer und fand seinen Sohn immer noch versunken vor dem Papier. »Was hast du denn, Tobias, kannst du das Geld ...?« In diesem Moment fiel auch der Blick des Vaters auf die Abstammungsurkunde. Er wurde weiß wie die Wand und murmelte nur: »Oh nein, Tobias, ich habe ja nicht geahnt, dass du das Papier sehen könntest. Wie dumm von mir. Es tut mir so unendlich leid.« Tobias sagte nichts und lief auf sein Zimmer. Der Vater rang um Fassung. Wie oft schon hatte er sich vor dem Tag gefürchtet, an dem er Tobias sagen musste, dass er in Wahrheit nicht ihr leibliches Kind sei. Er fühlte sich unfähig zu wissen, was das Richtige sei und rang erst einmal selbst um Fassung.

Es kam dem Vater wie eine halbe Ewigkeit vor, als er schließlich Richtung Kinderzimmer ging. Tobias lag mit dem Bauch auf seinem Bett und hatte sein Gesicht im Kissen vergraben. Er hatte den Vater kaum bemerkt. Vorsichtig berührte der Vater ihn an der Schulter und zog ihn sanft zu sich in seine Arme. Lange hielten sie sich einfach nur fest, dann begann der Vater: »Tobias, ich kann mir vorstellen, dass du nun viele Fragen hast. Ich werde versuchen, sie zu beantworten. Deine Mutter und ich haben uns unendlich danach gesehnt, ein Kind zu bekommen. Leider hat es nicht geklappt. Deine Mutter wurde nicht schwanger. So überlegten wir, was wir tun könnten und gingen eines Tages zu den Verantwortlichen des Waisenhauses, in dem du gelebt hast. Du warst uns vorgeschlagen worden. Als wir dich das erste Mal gesehen haben, zwinkerte ich dir zu. Dann habe ich versucht, dir einen Ball zuzurollen. Du hast interessiert geschaut. Wir mochten dich auf Anhieb. Deine Mutter hätte dich am liebsten gleich mitgenommen. So wurdest du unser Sohn und bist es bis heute. Wir lieben dich wie einen eigenen Sohn. Vielleicht hätten wir es dir schon vorher sagen sollen, aber wir wussten nicht, wann, und du hast keine Fragen gestellt. Man braucht einen Anlass für so ein Gespräch. Kannst du das verstehen?«* Tobias verstand auf jeden Fall, dass sein Vater ihn liebte.

Verstehen geht oft nur schrittweise und altersentsprechend.
Silke, eine Adoptivmutter, erzählte mir: »Ich habe es meinen beiden Töchtern Marie und Anja nie verheimlicht. Ich habe immer wieder davon gesprochen, dass sie nicht in meinem Bauch gewachsen sind und doch erinnere ich mich an einen Streit in der Pubertät. Anja war 15 und schrie: ›Du hast mir nie gesagt, dass ich ein Adoptivkind bin.‹ Ich starrte sie ganz entgeistert an und glaubte nicht, was ich hörte. »Wie bitte?«, fragte ich. »Habe ich jemals erzählt, dass du in meinem Bauch gewachsen bist oder wie ich dich entbunden habe? Das ist aber jetzt

nicht wahr. Du willst mir allen Ernstes sagen, dass ich dich im Unklaren darüber gelassen habe?« »Ja«, erwiderte Anja. »Und wieso bin ich dir dann so ähnlich? Alle sagen immer, dass wir die gleichen braunen Augen haben und dass ich genauso gehe wie du. Man könne schon von hinten erkennen, dass wir Mutter und Tochter seien.«

Der tiefe Schmerz der Ablehnung

»Irgendwann begriff ich«, fuhr Silke fort, »dass es hier nicht um Wahrheit ging, sondern um den tiefen Schmerz, dass sie meine leibliche Tochter sein wollte. Sie wollte keine Adoptivtochter sein. Sie wehrte sich dagegen mit Haut und Haaren. Jeder Gedanke in ihr schrie: ›Ich will deine leibliche Tochter sein, kein ›Fremdkörper‹.«

> Ich will dein leibliches Kind sein.

Ein anderes Mädchen drückte es einmal so aus: »Ich will nicht im Bauch einer fremden Frau gewesen sein, sondern in deinem Bauch. Wann begreifst du das endlich?«

Da liegt der Schlüssel. Es geht oft nicht um objektive Wahrheit, sondern um Schmerzverarbeitung. Die Wahrheit kann oft so weh tun.

Es ist wichtig, als Eltern nicht die Wahrheit in den Vordergrund zu schieben, sozusagen als eine objektive Instanz, sondern die emotionale Seite zu verstehen. Können Sie von Ihrer Verletzung absehen und sich in das Kind hineinversetzen? Ich verstehe, dass Sie sich ungerecht behandelt fühlen, wenn Ihre Tochter Ihnen vorwirft, dass Sie nie etwas gesagt haben. Kennen Sie nicht auch Situationen, in denen Sie sich Dinge

> Es geht oft nicht um objektive Wahrheit, sondern um Schmerzverarbeitung.

eingebildet oder verdrängt haben, weil die Realität nicht auszuhalten war? In solchen Fällen scheint man eine selektive Wahrnehmung zu haben oder Filter vor Ohren und Augen. Das kann auch von Mensch zu Mensch sehr unterschiedlich sein. Der eine leidet darunter, ein Adoptivkind zu sein, der andere freut sich, dass er die Chance hatte, in einem Elternhaus mit all seinen Möglichkeiten aufzuwachsen. Deshalb gibt es keine allgemein gültigen Ratschläge.

Das Bedürfnis nach Erbfolge

Auf jeden Fall ist es wichtig, die Not zu erspüren, die hinter der Wut und der Trauer steht. Ein weiser Satz heißt: »Hinter jeder Tat steht ein Bedürfnis.«

Was ist Anjas Bedürfnis? Sie möchte normal sein, hineingeboren in eine Familie, eine Erbfolge, Wurzeln haben, die man zurückverfolgen kann und auf die man eine solide Zukunft aufbauen kann.

Sie möchte vergleichen und sagen können: »Diese Fähigkeit habe ich von Opa, diese Gabe von meiner Mutter.«

Unser angenommener Sohn stand einmal in der Küche und sagte: »Das handwerkliche Können habe ich von Papa!!« – Pause, in der man fast hörte, wie seine Gedanken Karussell fuhren. – »Ach nein, geht ja gar nicht.«

In seinem Ton schwang Trauer mit, immer wieder darauf gestoßen zu werden, andere Wurzeln zu haben. Es geht dabei nicht um schlechtere oder bessere Wurzeln, sondern darum, anders zu sein – das aber nicht zu wollen. Man findet seine Identität leichter, wenn man erkennt, woher man was hat. Deshalb war mir auch immer wichtig, in der Herkunftsfamilie unserer Zwillinge nachzufragen, welche Gaben, Fähigkeiten und Segenslinien es dort gibt. Wie schön, dann sagen zu können: »Geerbt hast du dein handwerkliches Geschick vielleicht von deinem Großvater. Er war Steinmetz. Oder vielleicht auch von deiner Oma, die war in einer Goldschmiede tätig. Aber auch wir haben etwas dazu beigetragen, dass du nun so geschickt geworden bist. Wir haben dir beigebracht, wie man mit Hammer und Bohrer umgeht, Schränke zusammenbaut, Laminat verlegt. Das hast du alles bei uns gelernt.« Erbe ist das eine und Anleitung ist das andere. Talent und Ausbildung sind wie ein Paar Schuhe, ohne das eine kann das andere nicht sehr gut werden.

Jedes Talent, das nicht gefördert wird, verkümmert. Wir können noch so musikalisch sein, ein begnadeter Pianist werden wir nur, wenn Unterricht, Disziplin, Fleiß und Übung dazukommen.

> Hinter jeder Tat steht ein Bedürfnis.

> Zwei Dinge sollen Kinder von ihren Eltern bekommen: Wurzeln und Flügel. J. W. von Goethe

> Jedes Talent, das nicht mit Disziplin gepaart wird, verkümmert.

Verständnis zeigen

Ich habe Anjas Mutter geraten, Anjas Not zu hören und Verständnis zu zeigen. Es tut so gut, wenn die Mutter dann sagt: »Das tut mir leid, dass du das heute zum ersten Mal so hörst, dass es dein Herz berührt und dass es dich so schmerzt. Ehrlich gesagt, spüre ich auch immer wieder diesen Schmerz. Ich hätte dich auch so gerne schon im Mutterleib gespürt und dich durch die Bauchdecke hindurch gestreichelt. Ich hätte dich gerne geboren und gestillt. Und ich hätte dir auch gerne meine Gene weitergegeben.« So machte sie sich eins mit Anjas Schmerz. Anja fühlte sich verstanden und getröstet. Es geht hier nicht um recht haben, ob man es nicht doch schon mal gehört hatte. Es geht um die Botschaft: »Ich wollte es bisher nicht hören; und eigentlich will ich es jetzt immer noch nicht.«

Kinder entlasten

Ich glaube, wir können gar nicht oft genug betonen, dass Kinder, die abgegeben wurden, einen tiefen Schmerz von Ablehnung in sich tragen und dass sie die Fragen quälen: »Wie konnte meine Mutter so etwas tun? War ich so schlecht, dass sie es getan hat?« Manchmal äußern Kinder so etwas.

Einer unserer angenommenen Zwillinge beobachtete ein Kind, das seinen Eltern nicht gehorchte. Per Zufall hörte ich die beiden damals Sechsjährigen auf der Treppe später darüber reden, als ich in der Küche arbeitete. »Würdest du so ein ungehorsames Kind behalten?«, fragte er seinen Zwillingsbruder. Und noch ohne eine Antwort seines Bruders abzuwarten, antwortete er: »Ich nicht. Ich würde ihn abgeben.« Ich war geschockt und dachte: »Was haben wir in der Erziehung denn falsch gemacht, dass unser Sohn so eine Meinung hat?« Das konnte ich so nicht stehen lassen. Ich machte die Küchentür auf und da saßen die zwei auf der untersten Treppenstufe. Ich ging in die Knie und schaute ihm in die Augen. »Was hast du da gerade gesagt?« »Ich würde ein ungehorsames Kind nicht in meiner Familie behalten.« »Egal, was du auch immer anstellen magst, wäre es doch kein Grund für mich, dich abzugeben. Du gehörst doch hierher und ich habe dich dafür viel zu lieb.« Total entwaffnend gab *er zurück: »Aber mit mir hat man das doch schon gemacht.«* »Ja, aber doch nicht, weil du ungehorsam warst.« »Warum denn sonst?«*

Kinder suchen ganz oft die Schuld für Geschehnisse bei sich. Wenn die Eltern sich scheiden lassen, denkt das Kind: »Wenn es mich nicht geben würde, wären meine Eltern noch zusammen. Nur weil ich da bin, haben sie sich so oft gestritten.« Und wenn es abgegeben wurde, doch dann wohl nur aus dem Grund, weil es ungehorsam war.

Fragen beantworten

Ich erklärte unserem Sohn dann, dass es viele Gründe geben würde, als Kind nicht bei den leiblichen Eltern groß zu werden und dass die Ursache dafür aber meistens mit den Eltern zusammenhinge. Eltern können sterben, krank werden, beruflich oder menschlich in Krisen geraten. Wieder andere lassen sich scheiden oder geraten in Süchte. Dann kann es besser sein, wenn sich andere Eltern um das Kind oder die Kinder sorgen und kümmern.

Nachfragen zu dürfen, gibt Kindern Geborgenheit.

»Ich bin jedenfalls unendlich glücklich, dass ich jetzt eure Mama sein darf. Weißt du, es ist deiner Mama nicht leichtgefallen, euch beide in für sie fremde Hände zu geben. Ich ehre sie dafür, dass sie ihre Kräfte ehrlich angeschaut hat und dann zum Schluss kam: ›Es ist das Beste für die Jungs und dann am besten auch sofort.‹ So kam es, dass ich euch schon drei Monate nach eurer Geburt direkt aus dem Krankenhaus holen konnte.«

Auch wenn manche Fragen der Kinder schmerzen, möchte ich doch dankbar sein, wenn ich sie hören darf, denn nur so kann ich verhindern, dass daraus ungute Schlüsse gezogen werden.

Interessanterweise hat dieser Sohn auch später den Wunsch geäußert, zunächst ein Foto seiner leiblichen Mutter zu sehen und sie dann auch zu treffen. Er hatte nur eine Frage im Herzen:

Warum hast du mich abgegeben?

»Warum hast du mich/uns abgegeben?«

Es war wichtig, auch mit der leiblichen Mutter liebevoll umzugehen und so habe ich mich im Beisein eines Sozialarbeiters vorher alleine mit ihr getroffen und sie auf die Fragen vorbereitet. Die Zwillinge waren mittlerweile sieben Jahre alt. So trafen wir uns auf neutralem Boden in einem Kindergarten. Nachdem sie ihre Kunststücke auf den Geräten gezeigt haben, fragten sie, ob ihre leibliche Mutter mal ihren Lieblingsbaum sehen wollte. Dort abgeschirmt von einem Busch stellten sie alle Fragen:

- Warum hast du uns abgegeben?
- Warum hast du es nicht wenigstens mit uns versucht?
- Warum konnte der Papa uns nicht nehmen oder warum habt ihr euch die Aufgabe nicht geteilt?
- Haben wir noch Geschwister?
- Warum sind wir in eine andere Stadt gekommen? Du hättest doch eine Nachbarin fragen können.
- Wo wohnst du jetzt?
- Bist du mit Papa verheiratet?

Nachdem die Mutter alle Fragen beantwortet hatte, kamen sie alle drei lachend zurück. Während die Zwillinge noch etwas spielten, erzählte mir dann ihre leibliche Mutter, was in der letzten Viertelstunde gewesen war. Sie war ganz erleichtert, dass es so gut ging. Sie hatte gesagt, dass sie krank gewesen sei, das Abgeben nichts mit den Jungs zu tun gehabt hätte und dass sie sie sehr lieb hätte.

Interessanterweise wuchs schon bald nach dem Kennenlernen der Mutter der Wunsch, auch den leiblichen Vater zu treffen. Mit Kaffee und Kuchen beladen, machten wir uns wieder auf den Weg an einen neutralen Ort, diesmal ein Raum in einer Kirchengemeinde. Ich war total gespannt, ob sie auch dem Vater alle diese Fragen stellen wollten. Doch es geschah nichts dergleichen. Mit dem Vater wurde gespielt, gegessen und das war's.

Mit der Doppelidentität Frieden schließen

Es ist gut, wenn Kinder die Möglichkeit haben, Stück für Stück in ihrem Tempo ihre Identität kennenzulernen und mit ihrer Doppelidentität Frieden zu schließen.

Schwieriger Ablöseprozess

Aber es läuft nicht immer so glatt und jeder scheint diese Auseinandersetzung um die eigene Identität auch anders zu erleben: die einen früher, die anderen später. Ich habe sieben Kinder ins Erwachsenenalter begleiten dürfen und ich bin zu der Erkenntnis gekommen, dass dieser Ablöseprozess wichtig ist, damit reife Erwachsene das Elternhaus verlassen. Wir sollten zum schwierigen Prozess des Loslassens Ja sagen, Räume schaffen, in denen sich Jugendliche ausprobieren können, auch Krisen im Leben der Kinder begrüßen und ihnen nicht alle Steine aus dem Weg räumen. Lebenstüchtig wird man besonders in Situationen, die nicht glatt laufen.

Aber leider kann es auch zu dramatischen Entwicklungen kommen. Ich erinnere mich an die Geschichte eines Mädchens aus Norddeutschland, die ständig Streit mit den Adoptiveltern hatte. Laura hatte viele Jungenbekanntschaften und drohte von der Schule verwiesen zu werden, weil sie nur noch unregelmäßig am Unterricht teilnahm, kaum noch Hausaufgaben machte und oft unpünktlich war. Die Eltern wussten nicht mehr, was sie mit der 16-Jährigen noch machen konnten. Oft blieb sie über Nacht weg und war auch über Handy nicht zu erreichen. Guter Rat war teuer. Auch der Bruder und die Schwester konnten sie nicht mehr verstehen. Was war nur der Auslöser? Bis zur Klasse 7 war sie ein leicht zu führendes Mädchen gewesen. Sie war auch in die Geschwisterfolge gut integriert. Zunächst dachten die Eltern, dass sie sich ihrer Liebe versichern wollte. Doch was auch immer die Eltern taten, bekam Laura in den falschen Hals. Es verging kaum ein Tag, an dem es nicht knallte. Die Eltern waren am Ende ihrer Kraft und gingen selbst zum Jugendamt, um sich Hilfe zu holen. Nach einiger Zeit entschlossen sich die Eltern, Laura anzubieten in eine Wohngruppe mit anderen Jugendlichen zu ziehen. Es schien Laura gerade recht zu sein. Sie dachte an die große Freiheit, die sie außerhalb des Elternhauses genießen würde. Eine Klassenkameradin war auch in dieser Wohngruppe, die einen guten Ruf hatte. So konnte der Umzug bald über die Bühne gehen. Zunächst schien es für alle Seiten die beste Lösung. Es kehrte wieder Frieden in Lauras Elternhaus ein, auch wenn der leere Stuhl bei jeder Mahlzeit daran erinnerte, dass sie eigentlich doch eine fünfköpfige Familie waren und dem einen oder anderen das Geschehene wie ein böser Albtraum vorkam. Nach vier Wochen schien Laura auf einmal zu begreifen, was passiert war. Sie wollte ihre Eltern treffen, traute sich aber nicht, da sie nicht wusste, wie diese reagieren würden. Eigentlich verstand sie sich selbst nicht. Mit

Abstand betrachtet, war ihr Elternhaus gar nicht so schlimm. Da hörte sie von den anderen Jugendlichen ganz andere Geschichten. Es sollte aber noch ein Jahr dauern, bis sie an der Tür des Elternhauses klingelte. Die Mutter machte auf und ohne nachzudenken, fielen sie sich beide wortlos in die Arme.

Die Eltern hatten sich zwischenzeitlich psychologische Hilfe geholt. Der Psychotherapeut hatte ihnen erklärt, dass einige Menschen die Ablehnung, die durch die leibliche Mutter bei der Trennung und Abgabe in für sie zunächst fremde Hände geschah, nochmals erleben müssen, um heil zu werden. Von heute auf morgen haben sie die vertraute Stimme nicht mehr gehört und oft beginnt die Ablehnung auch schon früher mit: »Ich will nicht schwanger sein. Ich will das Kind nicht.« Oder im Streit mit dem Kindesvater: »Es gibt doch eine Lösung für jedes Problem.« Manchmal kommt auch eine versuchte Abtreibung dazu. In dem Trennungsschmerz, den Laura nun erlebte, bekam sie zum ersten Mal Anschluss an den Schmerz von damals und konnte verstehen, fühlen, weinen, annehmen, vergeben, verarbeiten und einordnen. Es war wichtig, das alles zu durchleben. Als Baby konnte sie es nicht, aber jetzt hatte sie alles, was sie brauchte.

Und nachdem Laura ihre leiblichen Eltern dann aus ihrer »Anklage und Schuld« entlassen hatte, konnte sie sich ganz und gar an die Adoptiveltern binden.

Wir sind Individuen, die alle auf unterschiedlichen Wegen gehen, um mit dem Schicksal versöhnt zu werden und Heilung zu erleben.

Pflegeeltern – Eltern auf Zeit

Von Bauch- und Herzenskindern

Ein Paar hat vier Kinder, zwei leibliche und zwei angenommene. Die Eltern fühlten sich oft etwas schlecht, weil sie zu den aufgenommenen Kindern nicht die gleiche Beziehung hatten wie zu den leiblichen. Da ist ein Unterschied, gestanden sie sich gegenseitig ein. Die Pflegekinder kamen mit vier und sechs Jahren, hatten also schon eine längere Vorgeschichte. Zwar sagten sie sofort ohne große Eingewöhnungsphase

Mama und *Papa* wie die leiblichen Kinder, aber gefühlsmäßig gab es Unterschiede. Eines Tages vertrauten die Eltern sich einem Sozialarbeiter an. Wie erleichtert waren sie, als sie hörten: »Trauen Sie Ihrem Gefühl. Da ist ein Unterschied und der darf auch sein. Transportieren Sie das ruhig. Es ist wichtig, ehrlich zu sein. Es darf auch Unterschiede geben. Genauso wie das ältere Kind länger aufbleiben darf. Gerecht ist nicht, dass alle das Gleiche bekommen. Gerecht ist, dass jeder das bekommt, was für seine Entwicklung jetzt notwendig ist.« So sagte die Mutter eines Tages zu ihren Kindern: »Ihr zwei seid meine Bauchkinder, da ihr mir einen dicken Bauch gemacht habt, um darin heranzuwachsen. Und ihr zwei seid meine Herzenskinder, da ich euch im Herzen trage.« Sie nahmen sich auch die Freiheit heraus, mal nur etwas als »Kleinfamilie« zu machen und dann wieder als Großfamilie. Vielleicht hört sich das fremd an, aber es ist gut, ehrlich zu sein. Dann eröffnen sich oft auch neue Wege, weil wir aus eingefahrenen Denkschemata herauskommen.

Von der Doppelidentität

Es erscheint zunächst der einfachere Weg, die Trennung von den leiblichen Eltern zu vergessen und so zu tun, als ob sie nicht geschehen wäre. Meistens wünschen sich Kinder und ihre sozialen Eltern keinen Kontakt zur Herkunftsfamilie, damit nicht immer wieder die alten Wunden aufgerissen werden. Und es stimmt ja auch: Viele Kinder sind nach den Besuchskontakten total durcheinander und schwierig zu führen. Aber können und dürfen wir ihnen das ersparen?

Oft tragen die Pflegekinder in Kindergarten und Schule den Namen der Pflegeeltern, was auch gut ist, da dann das Kind selbst entscheiden kann, wem es *sein* Geheimnis und damit die ganze Wahrheit seiner Identität sagt und wem nicht. Aber beim Arzt oder auf dem Zeugnis erscheint der Geburtsname. So haben sie die Chance, sich immer wieder damit auseinanderzusetzen.

Manchmal bitten Pflegekinder auch darum, den Namen der Pflegeeltern dauerhaft annehmen zu dürfen. Das geht. Man nennt das eine *Einbenennung*, die keine anderen rechtlichen Konsequenzen hat als nur die Namensänderung. Oft übersieht man dabei aber, dass der eigentliche Wunsch der Kinder tiefer sitzt. Selbst die Adoption erscheint nur als ein Etappensieg in dem Wunsch, ein leibliches Kind zu sein. Aber an der Tatsache, kein leibliches Kind zu sein, kommen wir nicht vorbei. Das muss auch immer wieder im Auge behalten werden. Man muss erspüren, worum es dem Kind wirklich geht, bevor man Aktionen durchführt, die einem später dann so vorkommen, als ob es eine Mogelpackung gewesen sei. Die Expertenmeinungen gehen da weit auseinander.

Hilfen annehmen

Pflegekinder haben einen anderen Status als Adoptivkinder. Eine Adoption setzt einen rechtlichen Schritt voraus und kann nie mehr rückgängig gemacht werden, während man ein Pflegeverhältnis aufkündigen kann. Wenn die Eltern zu dem Schluss kommen, dass sie auf Dauer überfordert sind oder das Kind nur noch unglücklich ist, können Jugendamt und Vormund in gegenseitiger Übereinkunft bestimmen, dass das Kind aus der Pflegefamilie genommen wird. Im Übrigen wird das Verhältnis zwischen Pflegekindern und Pflegeeltern laufend bei den sogenannten Hilfeplangesprächen überprüft. Bei Problemen werden Ratschläge gegeben und unterstützende Maßnahmen veranlasst.

An vielen Orten organisieren Jugendämter Treffpunkte, an denen sich Pflegeeltern austauschen können; ebenso werden auch Vorträge und Seminare angeboten. Das ist sehr hilfreich. Es tut gut, zu verstehen und verstanden zu werden. Oft hört man Pflegeeltern sagen, dass man ihre spezielle Not nur verstehen kann, wenn man selbst durch ähnliche Situationen gegangen ist. Auch das Angebot der Sozialarbeiter zum Gespräch kann viele Wogen glätten.

Stiefeltern – Eltern 2. Klasse?

... nach dem Tod eines Elternteils

Trauer der Kinder verstehen
Es ist immer dramatisch, wenn ein Elternteil stirbt. Aber es ist auch schwer, wenn ein Elternteil »ersetzt« wird.

Eine 14-Jährige sagte eines Tages zu ihrem Vater: »Wenn Mutti stirbt und du wieder heiraten willst, wird die Frau es sehr schwer haben.«
In diesen Worten schwingt so viel Voreingenommenheit mit.

Als zukünftige Stiefmutter oder als zukünftiger Stiefvater muss ich das einfach wissen. Das geht nicht unbedingt erstmal gegen mich als Person, sondern das geht gegen das Schicksal, gegen den Elternteil, der nicht uneingeschränkt jetzt nur noch für die Kinder da ist und gegen die Funktion, die ich ausfüllen soll.

Ich kann mich noch gut daran erinnern, als der beste Freund meines Vaters seine Frau, die seine ganz große Liebe gewesen ist, durch Krebs verlor. Genau ein Jahr später landete eine Hochzeitsanzeige bei uns im Briefkasten. Ich war entsetzt und rief aus: »Der Mann will seine Frau geliebt haben? Das ist ja gar nicht möglich. Wie kann er denn in einem Jahr Trauerarbeit geleistet haben, eine neue Frau kennengelernt und jetzt schon bereit gewesen sein, wieder zu heiraten? Das glaube, wer will, ich nicht!« Mein Vater sagte: »Ute, es gibt viele Menschen, die können nicht alleine zurechtkommen. Mein Freund ist auch so ein Mann. Er war Pfarrer und hat vor Trauer jetzt ein halbes Jahr nicht predigen können. Du musst barmherzig sein. Die Frau, die er jetzt heiratet, war schon lange in seiner Gemeinde. Ich freue mich für ihn.«

Den ersten Partner ehren

Ich wünsche allen Erwachsenen, die in so eine Situation kommen, viel Weisheit, Fingerspitzengefühl und Verständnis für die Not der Halbwaisen. Sie, als Stiefeltern, brauchen ein dickes Fell, damit Sie nicht ständig verletzt werden. Doch Sie werden immer wieder erleben, dass man Sie vergleicht. Es ist wichtig, der ersten Frau ihre Position zu lassen und zu akzeptieren, dass Sie die zweite Frau sind.

> Es ist wichtig der ersten Frau ihre Position zu lassen und zu akzeptieren, dass Sie die zweite Frau sind.

Führen Sie keinen Konkurrenzkampf, auch nicht um die Liebe der Kinder. Versuchen Sie nicht, die Mutter aus den Herzen der Kinder zu verbannen. Die Kinder werden Sie nur nach und nach gewinnen, wenn Sie auf Hass mit Liebe, auf ungerechtfertigte Wut mit Verständnis reagieren und wenn Sie Ihre Eifersucht auf die erste Frau besiegen.

Auf die Mutterrolle einlassen

Es gibt aber nicht nur Verletzungen von den Kindern gegenüber den Stiefeltern, sondern auch umgekehrt. Ich kenne ein junges Mädchen, das sich sehr freute, eine »neue« Mama zu bekommen. Immer wieder wollte sie kuscheln kommen, aber die neue Mama war eher abweisend und mochte keine körperliche Nähe. Wenn das kleine Mädchen einmal sagte: »Ich habe dich so lieb, danke für das, was du alles für uns tust«, dann hörte sie folgende Antwort: »Ich tue nur meine Pflicht.« Der Satz »Ich tue nur meine Pflicht« verfolgte das Mädchen ein Leben lang und sie fing an, ihre Stiefmutter zu hassen.

Eigene Akzente setzen

In einer anderen Familie starb die Mutter an Krebs und hinterließ zwei Mädchen im Alter von zwei und vier Jahren. »Wo bekomme ich denn jetzt eine neue Mama her?«, fragte mich die Vierjährige eines Tages. »Ich wünsche mir eine Mama, die gesund und nicht müde ist.« Und wirklich, der Vater heiratete nach zwei Jahren wieder und sie bekam eine junge Mama. Die junge Frau, Elena, freute sich auf ihre neue Aufgabe und zog voller Elan in das Haus des Ehemannes. Die Kinderherzen flogen ihr zu. Ihre fröhliche Art war ansteckend. Wie lange war in dem Haus nicht mehr richtig gelacht worden!

Aber alles war noch so, wie es die Verstorbene verlassen hatte, jedes Bild an der Wand, jedes Möbelstück, das Schlafzimmer und die Küche. Alle Schränke waren voll. Elena wusste gar nicht, wo sie ihren Hausstand unterbringen sollte. Naja, erstmal wurde alles im Keller untergebracht, denn es war ja schon alles eingerichtet. Im Flur gab es einen kleinen Tisch auf dem ein Bild der ersten Frau stand, jeden Freitag wurden neue Blumen davorgestellt. Zunächst war Elena zufrieden, doch irgendwann schienen die Vorstellungen, dass alles von Lisa war und alles an Lisa erinnerte und sie Lisa jedes Mal im Flur in die Augen sah, sie zu verfolgen. Elena fragte sich, ob ihr Mann sie wirklich lieben würde oder ob er nur eine Mutter für seine Kinder haben wollte. Sie wurde immer ruhiger, trauriger und dachte an ihren Hausstand im Keller.

Eines Abends bat sie ihren Mann um ein Gespräch. Sie trug die Bitte vor, die Einrichtung zu verändern, Bilder abzuhängen, zu renovieren und vor allem ein neues Schlafzimmer zu kaufen. Zunächst konnte der

Ehemann Elenas Bitte nicht nachvollziehen, da das auch mit erheblichen Kosten verbunden war. Doch je länger sie sprach, desto mehr verstand er sie. In den nächsten Wochen kam ihre Lebensfreude wieder und das Haus trug zunehmend auch ihre Handschrift. Wenn dann die Schwiegermutter oder eine Bekannte sagte: »Lisa hat das aber so gemacht…«, antwortete Elena einfach: »Das kann schon sein, aber ich bin nicht Lisa. Ich mache es auf meine Art und Weise, daran müsst ihr euch gewöhnen.« Sie wurde immer sicherer in ihrer neuen Rolle und merkte, dass sie keine Kopie sein musste.

… nach dem Auszug oder der Scheidung

Verlust verarbeiten

Eine Scheidung ist für alle Beteiligten eine enorme Belastung. Als Kind verliert man fast immer auf einen Schlag – zumindest vorübergehend – beide Elternteile: den einen durch Abwesenheit und den anderen durch Kummer über das Verlassenwordensein. Der Elternteil, der gegangen ist, sagt zwar, dass er einen weiter lieb hat, aber man fühlt das nicht.

Es fühlt sich nicht wie Liebe an und man kann den Worten kaum glauben. Das Kind wird mit der ganzen Palette der Gefühle von Ohnmacht über Trauer und Wut bis Hass konfrontiert; nur Liebe spürt es nicht. Darüber können auch Kurzbesuche oder Geschenke nicht hinweghelfen. Hinterher ist oft alles nur noch schlimmer, weil die alten Wunden wieder aufgebrochen sind. Als Erwachsener ist es wichtig, dem Kind Verständnis entgegenzubringen, wenn es mit seinem Schicksal hadert.

> Es fühlt sich nicht wie Liebe an.

Neulich sagte ein 19-Jähriger zu unserem Sohn: »Wie anders wäre doch mein Leben verlaufen, wenn sich meine Eltern nicht getrennt hätten, als ich neun Jahre alt war. Wenn ich deine Familie erlebe und deinen schönen Geburtstag, den du jetzt hier feierst, muss ich aufpassen, nicht bitter zu werden.«

Zwischen den Stühlen sitzen

Kinder lieben immer beide Eltern und es ist furchtbar, sich für einen entscheiden zu müssen oder zu erleben, wie über ihren Kopf hinweg entschieden wird, bei wem sie in Zukunft leben sollen. Es kommt viel

Mangel auf die Kinder zu; sie fühlen sich nicht wohl in ihrer Rolle zwischen den Eltern. Mal werden sie über den Ehepartner ausgehorcht, mal wird ihnen gesagt, dass sie nichts erzählen dürfen. Gefühle zeigen ist auch nicht erwünscht und wer will schon alle 14 Tage das Wochenende beim anderen Elternteil verbringen? Für Kinder zwischen 10 und 18 Jahren sind Eltern wie der Rahmen um ihr Leben, aber nicht das Leben selbst. Sie wollen die Zeit mit ihren Freunden verbringen, schon 14 Tage gemeinsamer Urlaub nur mit den Eltern ist kaum noch auszuhalten. Außerdem erleben sie oft ein verzerrtes Bild von Beziehung. Immer wieder wird versucht, ihnen etwas Besonderes zu bieten: von Zoo über Eisdiele, Kino, Erlebnispark, Schwimmen- und Essengehen. Manchmal fragen sich Außenstehende: »Wie macht dieser getrennt lebende Elternteil das finanziell?« Wenn das Kind dann wieder in den Familienalltag eintauchen soll, erscheint das Leben grau und man sagt leicht Dinge, die den erziehenden Elternteil kränken, zum Beispiel: »Papa ist aber großzügiger, der spendiert mir mehr.« So wird leicht der eine gegen den anderen ausgespielt.

Eltern bleiben

Aber es gibt auch Paare, die gute Eltern bleiben, obwohl die Ehe scheiterte. Ich kenne ein Mädchen, das als erwachsene Frau sagte: »Meine Eltern haben das gut gemacht. Sie sind immer zusammen zu allen Elternabenden und Schulveranstaltungen gekommen. Auch meinen Geburtstag konnten wir zusammen feiern. Ich musste mich nie für einen von beiden entscheiden. Mein Vater zog zwar aus, aber er nahm sich eine Wohnung in unserer Nähe, sodass ich ihn immer wieder besuchen konnte. Die Beziehung zu beiden ist gut. Auch an meiner Hochzeit kamen beide. Das war für sie selbstverständlich.«

Trotz Ehescheidung gute Eltern bleiben

Über das Erlebte sprechen dürfen

Manche Eltern sagen, dass eine Scheidung Kindern nicht schadet. Ich würde es eher so formulieren: »Jede Ehescheidung ist ein Schock, ein Trauma für Kinder. Aber Kinder haben auch eine bemerkenswerte Gabe, mit Traumata fertig zu werden, besonders wenn sie getröstet werden.«

Kinder, die über das Erlebte sprechen dürfen und können, finden Heilung und können sich besser mit den veränderten Gegebenheiten arrangieren. Manchmal finden sie sogar auch die Vorteile der neuen Situation heraus. Deshalb ist es wichtig, Vertrauenspersonen zu haben. Wenn es die Eltern nicht sein können, weil sie zu sehr mit sich beschäftigt oder sonst nicht in der Lage sind, dann vielleicht Paten, Freunde, ältere Geschwister oder Großeltern.

Ungetröstete Kinder bleiben traumatisiert. Ungetröstete Kinder bleiben dagegen traumatisiert, ziehen sich zurück, bleiben auf einem Entwicklungsstadium stehen und versuchen, das Erlebte zu verdrängen. Sie haben dann als Erwachsene die Möglichkeit nachzureifen, sobald es ihnen bewusst wird. Meistens geht es nicht ohne Therapie.

Gefühle erlauben

Kathi durfte als Kind nicht weinen. Jedes Mal, wenn sie vom Vater nach Hause gebracht wurde, war sie sehr traurig. Einmal lief sie gleich in ihr Zimmer und weinte hemmungslos. Die Mutter kam ins Zimmer und sagte: »Wenn du weiter weinst, gehst du nie wieder zu deinem Vater.« Also unterdrückte Kathi die Tränen. Nun weinte sie tränenlos. Später fragte sie sich einmal: »Warum kann ich nicht weinen?« Selbst am Grab ihrer Mutter konnte sie es nicht. Es hätte ihr so gutgetan zu weinen, aber es wollte keine Träne kommen. Manchmal bekommt man den Schlüssel für ein Verhalten, wenn man sich fragt, wann das Ganze angefangen hat. Kathi hatte als Kind keine andere Wahl. Sie musste die Tränen unterdrücken, wenn sie nicht die Besuche beim Vater gefährden wollte. Aber als Erwachsene muss sie sich dem Diktat der Mutter nicht mehr beugen. Sie kann sich in einer traurigen Situation sagen: »Als kleine Kathi durftest du nicht weinen, aber du bist groß geworden und darfst jetzt weinen. Keiner kann es dir mehr verbieten. Lass deinen Tränen freien Lauf.« Wenn man die Ursache kennt und versteht, warum man auf eine bestimmte Weise handelt, kann man sein Verhalten ändern.

Mit Anklage umgehen

Als Stiefmutter oder -vater hat man es schwerer, wenn der leibliche Elternteil noch lebt. Man wird ständig verglichen, für nicht erziehungsberechtigt erklärt und muss oft die Launen und die Ablehnung der Kinder ertragen. Durch die Anwesenheit von Stiefmüttern oder -vätern wird den Kindern immer wieder bewusst, dass sie eine Patchworkfamilie sind, was sie aber nicht sein wollen. Sie müssen gegen den eigenen Wunsch dort leben und müssen sich vielleicht auch noch mit Stiefgeschwistern arrangieren. Das bietet Konfliktpotenzial.

Der zwölfjährige Tobias sagte seinen Eltern einmal: »Ich kann mich an so viele Situationen erinnern, in denen ich mich mit meiner Schwester Tanja gestritten habe. Eine Zeit lang konnte ich sie gar nicht ausstehen. Sie war so zickig und hat einfach ohne zu fragen meinen MP3-Player genommen. Aber wenn ich mich bei euch beschwerte, habt ihr immer nur gesagt: ›Sie ist deine Schwester, du musst mit ihr auskommen, ein Leben lang.‹ Wenn wir das müssen und können, warum schafft ihr das denn nicht? Ihr habt es doch sogar in der Kirche am 26. 5. 1995 versprochen. Ich finde das unfair, dass ihr einfach zu uns sagt: ›Wir verstehen uns nicht mehr, haben uns auseinandergelebt und gehen jetzt getrennte Wege.‹ Ihr macht es euch zu einfach!«

Das Leben der Eltern verläuft nicht immer stromlinienförmig und oft müssen die Kinder es ausbaden. Da können Kinder auch schon heftige Ausdrücke gebrauchen.

Julia wirft ihrer Mutter an den Kopf: »Du bist eine Hure. Warum bist du mit Sebastian ins Bett gegangen? Das hat Papa total wehgetan. Ich hasse dich und will dich nicht mehr sehen.«

Manch ein Kind bricht tatsächlich den Kontakt ab, verbittet sich auch noch als Erwachsener einen Besuch. Zu tief sind die Verletzungen. Auch Michael geht mit seinem Vater hart ins Gericht.

»Papa, das kann doch nicht sein, dass du jetzt gehst und Mama und uns fünf Kinder alleine lässt. Weißt du denn nicht mehr, wie sich das anfühlt? Du hast es doch selbst durchlitten, als dein Papa ging. Hast du dir nicht geschworen, dass du das deinen Kindern nie antun willst? Tu es nicht Papa, bitte!«

Vom Opfer zum Täter

Leider geschieht es oft, dass man vom Opfer zum Täter wird. Man kann beobachten, dass sich Fehlverhalten von Generation zu Generation weiter vererbt. Auf anderen Gebieten erlebt man das ja auch. Fünftklässler werden von Zehntklässlern geärgert und wenn die Fünftklässler selbst Zehntklässler werden, dann tun sie das Gleiche.

Es ist für Kinder nicht leicht, ihre Eltern bei Scheidung und Wiederheirat zu ehren. Aber, wenn wir uns nicht mit unserer Vergangenheit versöhnen, werden wir vielleicht auch erleben, dass das Familienmuster weitergegeben wird, ohne dass wir das wollen. Es scheint wie ein ungeschriebenes Gesetz zu sein: Wenn ich mein scheinbares Recht auf Rache nicht aufgebe, dann ist die Wahrscheinlichkeit groß, dass ich die gleichen Dinge, unter denen ich vorher gelitten habe, anderen antun werde.

Von der Machtlosigkeit zur Macht

Beim Umgang mit den Stiefeltern wird jedes Kind feststellen, dass es selbst auch viele Fehler gemacht hat. Wo haben Sie Ihre Stiefmutter verletzt, gekränkt oder sogar verachtet? Hatte sie eine reelle Chance, im Frieden mit Ihnen zusammenzuleben? In welchen Situationen haben Sie ihr bewusst wehgetan, sie verglichen, ihr Ihre Liebe verweigert? Wenn Sie lernen, auf das zu schauen, was der andere gut macht, dann besteht eine Chance für eine neue Basis in der Beziehung.

Eine Brücke zum anderen

Es ist wichtig, den Menschen als Menschen wahrzunehmen – mit all seinen Fehlern, Fehltritten und Unzulänglichkeiten.

Nicht nur Sie als Pflege-, Adoptiv- oder Stiefkind wurden in der Vergangenheit verletzt.

Auch Stief,- Pflege- und Adoptiveltern sind Menschen mit Wunden. Wunden, die Stief-, Pflege- und Adoptivkinder ihnen oft auch unbewusst oder aus eigener Verletzung heraus zugefügt haben.

Manchmal ist der erste Schritt auf die Brücke zum anderen, einmal zu fragen: »Womit hattest du Mühe, als ich ein Kind war? Habe ich dich mit irgendetwas verletzt, was du jetzt noch weißt und was dir immer noch wehtut?« Warten Sie nicht zu lange mit diesem Gespräch. Es wird Heilung in die Herzen von beiden fließen, wenn Sie nicht anklagend kommen, sondern mit einer Haltung der Versöhnung. Versöhnte, geheilte Beziehungen sind oft die Voraussetzung für einen neuen Weg des Miteinanders, bei dem es dann auch möglich ist, die Eltern zu ehren.

——— Kerngedanken im 4. Kapitel: ——— Von leiblichen und sozialen Eltern

- Es gibt keine *richtigen* und *falschen* Eltern, sondern *leibliche* sowie Adoptiv-, Pflege- und Stiefeltern.
- Den Schmerz der Kinder verstehen, die abgegeben wurden. Schritt für Schritt ihre Fragen beantworten und ihnen helfen, mit der Doppelidentität zurecht zu kommen. Hinter jeder Tat steht ein Bedürfnis.
- Es darf einen Unterschied zwischen leiblichen und Pflegekindern geben. Austausch unter den Pflegeeltern und mit den Sozialarbeitern bietet gute Hilfe.
- Kinder wollen meistens keine Stiefeltern. Sie hadern mit ihrem Schicksal. Als Betroffener muss ich mich mit dem Schicksal versöhnen, um nicht vom Opfer zum Täter zu werden.
- Als Stiefmutter bzw. -vater ist es wichtig, den ersten Partner zu ehren und trotzdem selbst eigene Akzente zu setzen.

Stichworte: leibliche und soziale Eltern, Schicksal annehmen, Eltern bleiben.

5. Kapitel:
Wenn Eltern mehr nehmen als geben

Lieblosigkeit

»Es gibt nur einen Menschen, der keine Situation ausgelassen hat, um mich zu demütigen, der mich grün und blau geschlagen hat und bei dem ich mich an kein gutes Wort erinnern kann: Das ist meine Mutter. Sie hat mich nie in den Arm genommen und ist sofort wieder arbeiten gegangen, als ich das Licht der Welt erblickte. Bestimmt wäre es für alle Beteiligten besser gewesen, wenn sie nie schwanger geworden wäre«, sagt ein mittlerweile 40-jähriger Mann. »Ich bin mit 35 Jahren endlich in eine 300 Kilometer entfernt gelegene Stadt gezogen, um mich von ihr zu befreien. Jetzt bin ich in Psychotherapie und hoffe, alles zu verarbeiten. Und wenn sie dann stirbt, werde ich keine Träne weinen. Sie ist es nicht wert.«

Wie viel Trauer, Wut, Enttäuschung, Bitterkeit, aber auch Hilflosigkeit und ungestillte Sehnsucht liegen in diesen Sätzen. Leider gibt es viele dysfunktionale Familien mit Eltern, die als Vater und Mutter sträflich versagen.

Wir lesen es täglich in den Tageszeitungen: Es gibt Eltern, die Kinder verhungern lassen, einsperren, schlagen, sexuell, körperlich und psychisch missbrauchen. Wenn diese Kinder überleben und größer werden, sind sie oft krank, nicht leistungs- und auch nicht beziehungsfähig. Oft verstehen sie erst sehr spät, was ihnen fehlt.

Sexueller Missbrauch

Wir Menschen sind Meister im Verdrängen und Abspalten von Informationen, Handlungen und Tatsachen, wenn sie uns unangenehm sind. Bei sexuellem Missbrauch erleben wir immer wieder, dass sich das Gedächtnis zu sagen scheint: »Was nicht sein darf, das ist auch nicht.« Nur anhand der Symptome kommt man dann dem schrecklichen Geheimnis auf die Spur.

Die einen stürzen sich von einer Affäre in die nächste und die anderen fürchten sich vor Nähe und lassen keine Umarmung zu, obwohl sie sich danach sehnen.

Rückzug: Angelika zog sich in ein inneres Schneckenhaus zurück und brach jeden Kontakt zur Herkunftsfamilie ab. Sie war ein Häufchen Elend, zitterte sobald ein Mann sie ansprach und blieb ein Leben lang unverheiratet.

Dann machen sich solche Menschen auf die Suche, weil sie spüren, dass mit ihnen irgendetwas nicht stimmt. Langsam, Stück für Stück kommt Licht in die Dunkelheit und sie können dem Unfassbaren ins Auge schauen und sogar eine Anklage formulieren und vor Gericht bringen.

Anklage: Ein Mädchen hat ihren Vater angezeigt, sie sexuell missbraucht zu haben. Daraufhin musste er ein Jahr ins Gefängnis. Seine letzten Worte zu seiner Tochter waren: »Ich enterbe dich. Du bist nicht mehr meine Tochter. So etwas tut eine Tochter nicht. Warte bis ich wieder raus bin.« Kein Wort der Reue, der Entschuldigung, sondern nur blanker Hass und Rache.

Es ist erschreckend, dass auch ein Missbraucher seine Taten so stark verdrängen kann, dass er sich sicher ist, sie nie begangen zu haben. Da hat ein Mann über Jahre seine beiden Töchter missbraucht und später auch seine Enkeltöchter und behauptet allen Ernstes, dass das eine unglaubliche Lüge und Verleumdung sei.

Allerdings will ich nicht unerwähnt lassen, dass auch auf diesem Gebiet Lüge und Verleumdung auf beiden Seiten vorkommen kann und manchmal Dinge behauptet werden, die nicht stimmen und somit Unschuldige belastet werden. Es ist oft schwer, die Wahrheit herauszufinden.

Das missbrauchte Kind hat oft ganz tief in sich die Aussagen verinnerlicht: »Ich bin böse. Das geschieht mir recht. Ich habe es nicht anders verdient.« Und da es mit niemandem darüber reden kann, weil der Missbraucher oft den Mantel des Schweigens einfordert, bekommt das Kind keine Hilfe. Oft malen sich solche Kinder in Bildern ohne Mund oder mit einem Finger auf dem Mund. Es fällt ihnen schwer, über das Erlebte zu sprechen, da sie es nie getan haben und es ihnen wie Verrat vorkommt.

Wenn das Kind einen Vertrauten hat, der tröstet und mitleidet, können die Verletzungen nicht so tief im Unterbewusstsein verankert werden.

Jugendleiter

»Ich bin von einer sexuellen Beziehung zur nächsten gesprungen. Immer, wenn es etwas fester zu werden schien, machte ich Schluss. Ich verstand mich selbst nicht. One-Night-Stands gehörten zu meinem Leben als Studentin dazu. Manchmal dachte ich schon: ›Warum nicht etwas Geld als Prostituierte verdienen?‹«, beschreibt Dagmar ihre Situation. »Eigentlich war ich eine ganz normale Studentin, hatte wenig Mühe mit dem Studium, nur im Zwischenmenschlichen hatte ich einen Knacks. Dann lernte ich wieder einen netten jungen Mann kennen. Mittlerweile arbeitete ich schon in meinem Beruf. Er erinnerte mich an meinen früheren Jugendleiter und auf einmal kamen alle Bilder wieder zurück, die ich so sorgsam verdrängt hatte, weil es nicht wahr sein durfte. Ich vertraute mich einer älteren Frau an und zum ersten Mal, zwanzig Jahre nach dem Ereignis, versuchte ich das Unfassbare in Worte zu fassen. Keiner hatte damals etwas gemerkt und ich dachte, dass es wohl an mir liegen müsste. Sich die Situationen wieder vor Augen zu malen, war schmerzhaft und erleichternd zugleich. Endlich war da eine Person, die verstand, die mich in den Arm nahm und mir glaubte. Ich ging auch zur Polizei und erstattete Anzeige. Leider wurde mir gesagt, dass alles verjährt sei. Aber es war trotzdem wichtig für mich. Jetzt kann ich wieder in den Spiegel schauen.« Warum ihre Eltern nichts bemerkt haben, fragt Dagmar sich oft. Sie hätten es doch mitbekommen müssen.

Verwandte

Während Dagmar ihren Eltern nur vorwirft, nichts gemerkt zu haben und sie nicht geschützt zu haben, müssen viele Kinder erleben, von den eigenen Eltern missbraucht zu werden. Meistens sind es Väter, Großväter, aber auch Onkel, Cousins und Brüder. Um dieses Unfassbare aushalten zu können, denken die Kinder dann oft, dass es an ihnen liegen müsste, dass sie böse seien und irgendeine Schuld an dem Vergehen haben müssten. Wie können Menschen, die man liebt und denen man am meisten vertraut, so etwas Zerstörerisches tun? Das passt nicht in das Weltbild des Kindes. Das Schmerzhafteste ist die Einsamkeit, das Sich-Keinem-Mitteilen-Können. Oft wird den betroffenen Kindern das Versprechen zum Schweigen abverlangt, oft auch unter Androhung von Strafen und Liebesentzug.

Mitwisserschaft

Viele Mädchen werden sich im weiteren Verlauf des Lebens fragen, ob die Mutter etwas geahnt oder sogar gewusst habe und warum sie nicht eingeschritten sei. Opfern Mütter ihre Mädchen an die Väter, weil sie selbst nicht mit ihren Männern schlafen wollen? Und warum bleiben Frauen bei ihren Männern, obwohl sie Mitwisser sind? Kinder würden erwarten, dass sich ihre Mütter von den Vätern trennen, spätestens ab dem Zeitpunkt, wenn es offenbar wird und viele es wissen.

Heilungswege

Wie kann man in solchen Fällen Eltern ehren? Eltern, die das ganze Leben zerstören? Wie kann man diese Scham aushalten? Jedes Kind liebt die Eltern, möchte stolz auf sie sein, von ihnen schwärmen. Es verteidigt sie bei allen Angriffen von außen. Und nun zerreißt sie dieser Loyalitätskonflikt. Kinder schaffen es bis zu einem gewissen Alter nicht, diese symbiotische Abhängigkeit aufzulösen. Zum einen ist es eine Machtfrage. Die Kinder sind traumatisiert. Sie haben Angst vor dem, was geschieht, wenn sie als Verräter entdeckt werden. Oft fehlt ihnen auch noch die Sprache, besonders dann, wenn es in der sehr frühen Kindheit passiert ist und ein tiefer Verdrängungsprozess stattgefunden hat.

Es benötigt eine sehr lange Wegstrecke, das Geschehene zu akzeptieren. Anderen Menschen zu vertrauen, ist fast unmöglich, weil sie so schlechte Erfahrungen gemacht haben. So ist es wichtig, als Therapeut, Seelsorger oder Begleiter erst einmal eine Wegstrecke der Vertrauensbildung mitzugehen. Dann kann sich Stück für Stück die Decke der Verheimlichung lüften, bis ein Mensch zum Mitwisser gemacht wird.

Danach kommen die Fragen: »Wie geht es weiter? Ist es möglich, den Täter allein oder in Begleitung einer anderen Person zu konfrontieren? Soll man Anzeige erstatten? Ist es das Beste, nicht alles wieder erzählen zu müssen, sondern den Weg der Vergebung zu gehen?«

Es gibt immer wieder Menschen, die davon berichten, wie sie es geschafft haben, von Angst und Bitterkeit frei zu werden. Oft gelang das erst, wenn sie einen Weg fanden, an ihre seither »eingefrorenen« Gefühle zu kommen und das Geschehen gefühlsmäßig nachzuspüren. Wenn die Tränen Anschluss an die Trauer finden, wenn die Wut herausgeschrien wird, und man im Beisein einer Zeugin fiktiv anklagt, ohne dass der Täter dabei ist:

»Ich hasse dich. Warum hast du mir das angetan? Du hast mein halbes Leben zerstört. Ich habe dir als Vater vertraut. Du hast dieses Vertrauen missbraucht.«

Dann wird eine neue Tür aufgestoßen und man kann Schritte des Loslassens gehen:

»Ich lasse den Schmerz los, den Hass, meine Selbstanklage und falsche Schuld und ich entziehe dir jetzt deine Macht über mich, auch noch den zweiten Teil meines Lebens zu zerstören. Ich gebe dich jetzt frei. Ich lasse dich los. Du warst kein guter Vater. Aber ich verklage dich nicht länger. Ich trage jetzt die Verantwortung für mein Leben ganz alleine. Als Kind hatte ich keine andere Möglichkeit, als zu schweigen und zu tun, was du wolltest. Aber jetzt bin ich eine erwachsene Frau und ich kann mich wehren. Du musst dich eines Tages selbst verantworten. Vielleicht klagt dich dein Gewissen jetzt schon an.«

Solche Prozesse können Jahre dauern und ich empfehle, sie an der Hand einer erfahrenen Therapeutin zu gehen oder auch in einer Gruppe von Gleichgesinnten. Es lohnt sich, auch wenn es schmerzhaft ist. Es tut gut, sich gegenseitig zu ermutigen. Wenn man den Weg schon so weit gegangen ist, kann man manchmal auch den Gedanken zulassen, ob der Vater nicht selbst auch als Kind Opfer gewesen ist. Meistens beobachtet man, dass ein Wandel vom Opfer zum Täter geschieht, wenn keine Aufarbeitung stattfindet. Was muss ein Mann durchlebt und erfahren haben, um so etwas zu tun?

Ich möchte noch erwähnen, dass nicht nur Mädchen sexuell missbraucht werden. Die Sozialarbeiterin Sandy Hoffmann wird in Idea-

Spektrum[20] zitiert, dass jedes vierte bis fünfte Mädchen, aber auch jeder zehnte bis zwölfte Junge in Deutschland sexuell missbraucht wird.

Süchte

Süchte im Leben von Eltern bedeuten und bringen ganz viel Leid in die nachfolgende Generation.

Drogen

»*Meine Mutter war drogenabhängig und hat sich das Geld dafür durch Prostitution verdient. Ich lebte nicht bei meiner Mutter, sondern bei meinem Vater und seiner neuen Lebensgefährtin. Mein Vater sagte von klein auf zu mir: ›Du bist wie deine Mutter und du wirst wie sie enden.‹ Ich habe mich dagegen gewehrt, wenn er das sagte und doch kam es so. Mit 15 Jahren sackte ich in der Schule ab und lernte einen Freund kennen, der Drogen nahm. Ich hatte ständig Stress mit meinem Vater und der »Möchtegernmutter« und so begann ich, auch Drogen zu nehmen. Als kleines Mädchen hatte ich meiner Mutter einen Brief geschrieben, den sie nie erhalten hat und darin stand: ›Liebe Mama, warum hast du mir das angetan? Warum hast du Drogen genommen? Sie haben dich mir weggenommen. Sie haben dich belogen und dir ein leichteres Leben versprochen. Aber das war eine Lüge, der du geglaubt hast. Nimm keine Drogen mehr, sonst bringen sie dich noch um. Deine kleine Mira.‹*«

Mira hat ihre Mutter nie kennengelernt, da sie, fünf Jahre nachdem der Brief geschrieben wurde, an einer Überdosis Heroin mit 28 Jahren starb.

Nikotin

Claudia Wüstenhagen[21] lässt in ihrem Artikel »Gewürzgurken und Glimmstängel« mehrere Fachleute erklären, wie ungeborene Kinder durch Nikotin im Mutterleib geschädigt werden können.

Hansjoerg Böhler, Präsident der Deutschen Gesellschaft für Kinder- und Jugendmedizin, findet klare Worte: »Rauchen in der Schwanger- schaft ist eine Form von Kindesmisshandlung.«

Es ist seit Längerem bekannt, dass Kinder von Raucherinnen ein niedrigeres Geburtsgewicht, oft einen kleineren Kopf, häufig Lern- probleme, Asthma und Atemwegsinfektionen haben und zu Allergien neigen. Jeder Zigarettenzug verengt die Blutgefäße und zusätzlich ver- drängt das Kohlenmonoxid im Rauch den Sauerstoff im Blut. Aber es sei auch schwer für Raucherinnen, mit dem Rauchen aufzuhören, da Tabakkonsum eine Sucht sei, erklärt der Kinderarzt Ekkehard Paditz, Vorsitzender des Vereins Babyhilfe Deutschland e. V. Er beobachtete, dass der Partner und das soziale Umfeld große Einflüsse dabei haben, ob eine Schwangere die Kraft bekommt, aufzuhören. Er gründete 2003 ein Beratungstelefon für rauchende Schwangere. Dabei werden Frauen angerufen, wenn sie beim Frauenarzt angegeben haben, dass er ihre Telefonnummer an das »Babytelefon« weiterleiten darf. 200 Frauen nutzen pro Jahr diese Hilfe. Von ihnen geben 70 Prozent an, durch die Gespräche mit den geschulten Beraterinnen den Ausstieg zu schaffen und mindestens bis ein Jahr nach der Geburt rückfallsfrei zu sein. »Die Schwangerschaft ist die stärkste Motivation, um mit dem Rauchen aufzuhören, stärker als ein Hirninfarkt oder Krebs«, sagt Paditz.

Alkohol

Auf der Webseite[22] der Informationszentrale der Universität Bonn kann man Folgendes lesen: »Alkohol ist die häufigste bekannte Substanz, die Fehlbildungen in der Schwangerschaft verursacht. Vor 20 Jahren wurde erstmals vermutet, dass Alkoholismus in der Schwangerschaft zu einer spezifischen Kombination von Fehlbildun- gen, dem sogenannten ›fetalen Alkoholsyndrom‹, führen kann. Die betroffenen Kinder sind sowohl körperlich als auch geistig-intellek- tuell und in ihrer sozialen Reifung beeinträchtigt. In Deutschland werden jährlich etwa 2 000 Kinder mit dieser Kombination von Fehl- bildungen geboren, nicht gerechnet die gering ausgeprägten Formen einer Alkoholschädigung, die sich z. B. nur als Konzentrationsstö- rungen bemerkbar machen.«

Abgesehen von den körperlichen Schäden erleben Kinder von Suchtkranken oft unausgeglichene Eltern, die sehr egoistisch, ja egozentrisch sind. Die Sucht sitzt auf dem Thron und der normale Alltag, der für Kinder so wichtig ist, wird vernachlässigt. Oft übernehmen gerade die erstgeborenen Kinder in solchen Familien früh Verantwortung für den Haushalt oder ihre Geschwister und versäumen somit ihre eigene Kindheit.

»Meine Mutter war alkoholkrank. Wenn ich mittags von der Schule kam, war sie oft noch im Nachthemd, das Essen vom Frühstück stand noch auf dem Tisch und ich musste selbst kochen, wenn ich etwas Warmes essen wollte. Ich schämte mich für sie, traute mich nicht, Kinder zu uns nach Hause einzuladen und war deshalb sehr isoliert in der Schule. Meine Mutter half nie bei Feiern in der Schule mit. Zweimal musste ich erleben, dass sie in ihrem Erbrochenen lag und einmal habe ich sie gerade noch retten können, als sie versucht hatte, sich das Leben zu nehmen. Eigentlich war sie zu feige dafür. Es war kein echter Versuch, sondern nur ein Ruf nach Aufmerksamkeit. Da ich noch zwei jüngere Brüder hatte und mein Vater ganztags arbeitete, habe ich mich auch noch um die Geschwister gekümmert. Dadurch litten meine schulischen Leistungen und ich habe nur einen Hauptschulabschluss geschafft«, beschreibt Andreas seine Kindheit.

Bei Max war der Vater alkoholkrank. Er erzählt: »Mein Vater trank immer zu viel Alkohol, wenn er Geld hatte. Dann wurde er gewalttätig, schlug um sich, mal bekam ich es ab, mal meine Mutter und ab und zu flogen auch schon mal ein paar Tassen an die Wand. Manchmal mussten wir ihn in einer Kneipe abholen, weil er nicht mehr laufen konnte. Das ganze Dorf wusste, was mit meinem Vater los war. Ich war sehr musikalisch und an einem Weihnachtsfest schenkte mir unser Hausarzt das Klavier seiner Töchter, die nicht mehr zu Hause wohnten. Ich war überglücklich. Der Arzt bezahlte sogar den Transport von seinem Haus zu unserem. Es war der schwärzeste Tag in meinem Leben, als ich nach vier Wochen aus der Schule kam und mein Klavier nicht mehr im Wohnzimmer stand. Meine Mutter schaute nur traurig. Sie hatte es nicht verhindern können. Vater hatte es verkauft. Er hatte keinen Schnaps mehr. An diesem Tag habe ich angefangen, ihn nicht nur zu verachten, sondern zu hassen.«

Bei Kindern von Alkoholikern beobachten Mediziner in Verlaufsstudien unterschiedliche Entwicklungen. Die einen meiden Alkohol, die anderen treten in die gleichen Fußstapfen wie die Eltern und alle sagen, dass sie auf gar keinen Fall einen Alkoholiker heiraten würden. Trotzdem geschieht es überdurchschnittlich häufig, dass sich die Partner zu einem Suchtkranken entwickeln. Vielleicht liegt es daran, dass die Kinder von Alkoholikern im Laufe der Zeit co-abhängig wurden.

Co-Abhängigkeit

Unter Co-Abhängigkeit versteht man, dass die Angehörigen durch ihr Tun oder Unterlassen der Sucht Vorschub leisten. Die Co-Abhängigkeit kann in verschiedenen Phasen verlaufen:

Beschützerphase: In der Beschützerphase erfährt der Suchtkranke besondere Zuwendung und Mitgefühl in der Hoffnung, er könne seine Sucht aus eigener Kraft überwinden.

Kontrollphase: In der Kontrollphase übernehmen die Bezugspersonen seine Aufgaben und Probleme und verdecken die Sucht gegenüber Dritten.

Anklagephase: Die Anklagephase ist durch zunehmende Aggression und Verachtung dem Kranken gegenüber geprägt.

Hilflosigkeit: Am Ende kann vollständige Hilflosigkeit der Co-Abhängigen stehen.

Co-Abhängige müssen genauso wie der Suchtkranke psychotherapeutisch mitbehandelt werden. Ein Kind ist co-abhängig, wenn es sein Taschengeld dafür ausgibt, der Mutter Bier oder Schnaps zu kaufen oder wenn es das ganze Haus putzt und vor anderen so tut, als wenn Mutter alles gemacht hätte.

Sonstige Süchte

In dem Wort Sucht steckt das Wort Suche oder auch Sehnsucht. Die betroffenen Menschen suchen etwas, was sie im normalen Leben nicht zu finden scheinen. Sie füllen damit ihre Leere, ihre Langeweile, betäuben ihre Versagensängste, schlagen ihr schlechtes Gewissen tot. Oft halten sie das Leben für sinnlos und sich selbst für schlecht. Sie können ihren Zustand nur aushalten, wenn sie sich der Sucht hingeben. Das kann eine Spiel-, Sex- oder Pornografiesucht sein. Auch bei Menschen, die pausenlos arbeiten, spricht man von einer Sucht: der Arbeitssucht. Workaholics (Arbeitssüchtige) kennen keine Entspannung. Sie sind getrieben und nicht beziehungsfähig. Kinder von Workaholics beklagen, dass ihre Eltern nie Zeit hatten, um mit ihnen zu spielen, zu reden und etwas zu unternehmen. Alles andere schien wichtiger. Außerdem hätte sich eine Atmosphäre der Anspannung verbreitet, sobald der Workaholic das Haus betreten hätte. Kinder haben dafür ein feines Gespür und ziehen sich zurück oder verbringen mehr Zeit in anderen Familien, bei Freunden und Verwandten, Großeltern und Paten, wenn sie dazu die Möglichkeit haben.

Die Traumata der nächsten Generation

Das Posttraumatische Belastungssyndrom (PTBS)

Man weiß, dass es für die Überlebenden von Katastrophen gar nicht so einfach ist, weiterzuleben. Besonders, wenn sie die einzigen Geretteten sind, fragen sie sich immer wieder: »Warum darf ich denn leben und die anderen nicht?« Sie empfinden es fast auch als Bürde, noch etwas Besonderes leisten zu müssen, so als wenn sie sich das Weiterleben verdienen müssten.

Mediziner sprechen vom Posttraumatischen Belastungssyndrom (PTBS)[23], das nicht nur bei Kriegen und Katastrophen auftreten kann, sondern auch bei Unfällen und anderen Traumata. Die psychischen Beschwerden äußern sich in Albträumen, Angstzuständen oder innerer Unruhe. Wenn der Zustand chronisch wird, kann es zu Depressionen, Alkohol- oder Tablettenabhängigkeit kommen, die in eine Arbeitsunfähigkeit münden. Prof. Berger, Leiter der Abteilung für Psychiatrie und Psychotherapie der Universität Freiburg, hat 220 Opfer schwerer Arbeitsunfälle zu verschiedenen Zeitpunkten befragt und herausgefunden, dass sechs Monate nach dem Unfall knapp zehn Prozent tatsächlich die Diagnose einer PTBS hatten. Es sei bekannt,

dass 50 Prozent aller Vergewaltigungs- und 10 Prozent aller Verkehrs-
unfallopfer eine PTBS entwickeln würden.

Als Therapie wird häufig laut Prof. M. Driessen[24] folgender Weg
eingeschlagen:

- Verstehen, was geschehen ist und warum man wiederkehrende
  Albträume oder Angstzustände hat.
- Verhaltenstherapie, in der man den Patienten mit den Trauma-
  erinnerungen konfrontiert oder auch mit realen Situationen wie
  zum Beispiel mit dem Ort des Unfalls.
- Medikamentöse Unterstützung.

Zu bedenken sei, dass die Therapie umso schwieriger sei,

- je früher das Trauma in der Kindheit zurückliege,
- je öfter das Trauma stattgefunden hätte und
- je länger das Trauma angehalten habe.

Das Schweigen

In vielen Familien beobachtet man, dass ein Elternteil verstummt oder
verhärtet ist. Viele Psychologen sind mittlerweile der Meinung, dass
das mit Traumata in der Vergangenheit zu tun haben kann. Der
Mensch ist dann zwar körperlich anwesend,
Die Botschaft des Schwei-
gens lebt in der Familie.
aber er beteiligt sich so gut wie nie an tiefen
Gesprächen. Eine andere Form des Schweigens
besteht darin, immer das Gleiche zu erzählen,
als ob eine DVD in der Endloswiederholung laufen würde. An dem
entscheidenden Punkt, wenn es um das Trauma, die Not, den Schick-
salsschlag, die Angst geht, wird allerdings nicht weitererzählt. Und
selbst auf gute Fragen wird ausweichend geantwortet. Trotzdem spürt
die nachfolgende Generation etwas von dem Geschehenen. Es äußert
sich in anderer Form.

Da ist die Mutter, die als junges Mädchen vergewaltigt wurde, es aber
aus Scham niemandem gesagt hat. Aber ihr Umgang mit der Tochter
gibt klare Signale. Das Mädchen wird überall hingebracht und abgeholt,

darf nie allein durch einen Park gehen. Die Mutter wacht mit Argusaugen darüber, was die Tochter anzieht und vertraut einer Freundin an, dass sie Angst habe, ihre Tochter würde eines Tages vergewaltigt.

Wenn die Mutter keinen gehabt hat, mit dem sie den Schmerz teilen konnte, hatte sie auch keine Möglichkeit zu trauern, loszulassen und zu verarbeiten. Sie hat sich angewöhnt, sich zu verstecken, ihre Scham musste verborgen werden. Das Leben lehrt, dass gerade Mädchen, die in Watte gepackt werden, oft irgendwann ausbrechen und dann oft auch genau das erleben, was die Mütter befürchten.

Manche Kinder von traumatisierten Eltern berichten, dass sie entweder das Thema des Schweigens übertrieben ablehnten oder sich davon angezogen fühlten. Bei den Kindern, deren Eltern im Krieg waren, erlebt man die einen, die sich oft unbewusst entscheiden, Pazifisten zu werden und die anderen, die unbewusst ständig Literatur über die beiden Weltkriege beziehungsweise Kriegsgeschehnisse lesen, auch wenn die Eltern nichts über die Erfahrungen in Schützengräben weitergeben.

Das schwarze Loch

Erfahrungen, die wir verdecken und verschweigen wollen oder für die wir uns schämen, sind trotzdem vorhanden. Psychologen sprechen von einem *Schwarzen Loch* in Familien, das eine unglaubliche Anziehungskraft hat.

Aus der Physik kennen wir den Begriff »Schwarzes Loch«, der wie folgt erklärt werden kann: In unserem Universum fällt unter gewissen Umständen der eine oder andere Stern in sich zusammen. Dabei verdichtet sich seine Masse auf einen extrem kleinen Raum und er besitzt eine so große Anziehungskraft, dass ihn noch nicht einmal eine Rakete mit Lichtgeschwindigkeit (schneller geht es physikalisch nicht) verlassen könnte. Somit kann auch kein Licht von diesem Stern ausgehen. Er erscheint als vollkommen schwarz, da er mit optischen Mitteln nicht beobachtet werden kann. Alles, was in seine Nähe gerät, wird von ihm angezogen und so gewissermaßen »verschluckt«. Schwarze Löcher können nur durch ihre Auswirkungen auf ihre Umgebung wahrgenommen werden. So strahlt etwa extrem erhitzte Materie, die vom Schwarzen Loch angezogen und daher auf ihn hin beschleunigt wird, intensive Röntgenstrahlung ab. In der Psychologie entspricht das Schwarze Loch der Traumaerfahrung und die extreme Anziehungskraft des zusammengefallenen Sterns gleicht der Tendenz, jeden Versuch, über das Trauma zu reden, im Keime zu ersticken. Das Trauma kann den Traumatisierten nicht durch Mitteilen verlassen. Es bleibt somit unentdeckt. Die Abstrahlung intensiver Röntgenstrahlung, die erst die Existenz eines Schwarzen Loches beweist, ist vergleichbar mit der Wahrnehmung von Symptomen, die die Existenz dieser Traumaerfahrung zeigen.

Das erklärt sehr gut, warum die Psychologen auch von einem *Schwarzen Loch* sprechen. Stellen Sie sich ein Gemälde an Ihrer Wand vor, aus dem man ein Stückchen herausgeschnitten hat und das dann schwarz unterlegt wurde. Jeder Besucher wird sofort auf diesen schwarzen Ausschnitt schauen. Es wird ihn magisch anziehen. So funktioniert auch die verborgene Familiengeschichte, die nicht erzählt werden darf.

Da erwischt eine Frau ihre 13-jährige Tochter beim Surfen im Internet auf pornografischen Seiten. Sie ist total entsetzt und muss später auf die Frage, ob das ein Familienerbe sei, zugeben, dass sie selbst mehrmals in der Woche im Internet auf solche Seiten geht und nicht davon loskommt. So hat die Mutter jetzt eine Chance, in Therapie zu gehen und damit dem Schwarzen Loch ihrer Familie die Macht zu entziehen.

Machen Sie sich auf die Suche nach dem Schweigen und den Traumata in Ihrer Familie. Stellen Sie Fragen, auf die man nicht nur mit »Ja« und »Nein« antworten kann. Helfen Sie der Vorgeneration und der nachfolgenden Generation, *Schwarze Löcher* zu entdecken. Der Diplompädagoge Dr. Udo Baer[25] hat sich intensiv mit diesem Thema beschäftigt und auch Bücher dazu geschrieben. In seinem Vortrag[26] »Botschaften des Schweigens« sagte er: »Wir beobachten, dass Menschen, die keinen Trost haben und trotzdem versuchen, sich aus dem Schmerz aufzurichten, etwas Krampfartiges, Gewalttätiges gegen sich und andere entwickeln.« Traumatisierte Menschen würden oft hart wirken, hart gegen sich selbst und hart gegen andere. Kinder traumatisierter Eltern würden sehr früh Verantwortung für ihre Eltern übernehmen und dadurch ihre Kindheit verlieren. In der Schule gelingen entweder keinerlei Leistung oder sehr gute Leistungen. Udo Baer berichtete, dass die Heilung einsetzt, sobald das Geheimnis gelüftet wird. Der Mensch beginnt zu verstehen und kann neue Wege gehen.

Wenn Verständnis für die Generation vor uns entsteht, verstummen oft die Anklagen und man bekommt Mitleid für das, was unsere Vorfahren alles ertragen und verarbeiten mussten. Aus Verständnis wächst Achtung und Ehre. Mögen Sie diesen Weg auch für Ihre Herkunftsfamilie finden. Ich glaube, dass hinter jeder Tat ein Bedürfnis steht. Wenn wir bei den Taten der Menschen bleiben, werden wir bei der Verurteilung bleiben, die uns hart macht und uns den Weg zum Herzen des anderen verschließt. Mögen wir das Bedürfnis erkennen, das hinter dem Fehlverhalten der Eltern lag. Nur so haben wir eine Chance, barmherzig zu werden, ihnen zu vergeben und sie vielleicht sogar eines Tages ehren zu können. Nicht für das, was sie *getan* haben, sondern für das, was sie *sind:* Menschen mit einem Hunger nach Anerkennung, die ihnen im Leben bisher vielleicht versagt geblieben ist.

Kernaussagen zum 5. Kapitel: Wenn Eltern mehr nehmen als geben

- Kinder fühlen sich von den Eltern nicht geschützt. Sexueller Missbrauch in der eigenen Familie traumatisiert das Kind zutiefst. Es schweigt aus Scham und denkt, dass es selbst Schuld hat.
- Ehepartner, meistens die Mütter, sind oft Mitwissende, die nicht einschreiten und damit das Kind trostlos zurücklassen.
- Der Weg der Heilung ist sehr lang und braucht Menschen, die fähig sind, Vertrauen aufzubauen.
- Suchtkranke rauben Kindern eine unbeschwerte Kindheit. Sie machen sie zu Co-Abhängigen.
- Botschaften des Schweigens weisen auf Traumata aus den Vorgenerationen hin, die mit der Wirkung eines Schwarzen Lochs aus der Physik zu vergleichen sind.

Stichworte: Lieblosigkeit, Süchte, sexueller Missbrauch, Traumata des Schweigens.

6. Kapitel:
Mutter- und Vatertag – Lust oder Frust?

Wer hat den Muttertag erfunden?

Als Begründerin des heutigen Muttertags gilt die Amerikanerin Anna Marie Jarvis[27]. Sie führte am Sonntag nach dem zweiten Todestag ihrer Mutter, dem 12. Mai 1907, einen Gedenktag ein. Im folgenden Jahr wurde auf ihr Drängen hin wiederum am zweiten Maisonntag in der Methodistenkirche in Grafton allen Müttern eine Andacht gewidmet. Anna Marie Jarvis ließ 500 weiße Nelken als Ausdruck ihrer Liebe zu ihrer verstorbenen Mutter vor der örtlichen Kirche an andere Mütter austeilen.

Sie widmete sich danach hauptberuflich dem Ziel, einen offiziellen Muttertag zu schaffen, und schrieb Briefe an Politiker, Geschäftsleute, Geistliche und Frauenvereine. Die Bewegung wuchs sehr rasch an. Bereits 1909 wurde der Muttertag in 45 Staaten der USA gefeiert, 1914 wurde der Muttertag in den USA zum ersten Mal als nationaler Feiertag begangen.

In der Bundesrepublik Deutschland wird der Muttertag seit 1949 am zweiten Maisonntag als nicht-gesetzlicher Feiertag begangen. Davor wurde er seit 1922 unregelmäßig und an unterschiedlichen Sonntagen gefeiert.

Muttertag

Erfahrungen mit Muttertagen

Welche Erinnerungen verbinden Sie mit diesem Tag? Gefühlsmäßig wusste ich nie so richtig, wie ich mit diesem Tag umgehen sollte, weder als Kind noch später als Mutter.

... als Kind

Ich kann mich noch an die vielen Versuche erinnern, wenn meine Schwester und ich vorhatten, meiner Mutter eine Freude zu machen. Einmal wollten wir ihr das Frühstück ans Bett bringen, doch sie sagte: »Ich mag keine Krümel im Bett und ungewaschen und im Morgenrock schmeckt mir das Essen nicht.« Heute kann ich ihre Aussage gut verstehen, da es mir genauso geht. Aber als Kind hat es mich verletzt, da mein Motiv bei dieser Aussage irgendwie auf der Strecke blieb.

Ein anderes Mal durfte sie nicht in die Küche, da wir kochen wollten. Doch wie das bei Kindern so ist, dauerte es dreimal so lang wie bei ihr. So aßen wir erst um 15.00 Uhr. Alle hatten großen Hunger, waren schlecht gelaunt und leider schmeckte es auch nicht so gut, wie wenn unsere Mutter gekocht hätte. Wie viele Versuche, Freude zu machen scheitern, weil das Ergebnis nicht gut ist oder weil der Beschenkte es nicht annehmen kann.

> Eigentlich müsste jeder Tag Muttertag sein.

Eine markante Aussage meiner Mutter hieß: »Eigentlich müsste jeder Tag Muttertag sein. Wenn ihr mich nur an einem Tag im Jahr als Mutter ehrt und wertschätzt, dann braucht ihr mir auch an diesem Tag nichts Gutes tun.«

So gab ich den Tag mehr oder weniger auf. Später als Erwachsene habe ich ihr manchmal Briefe geschrieben. Die hat sie alle aufbewahrt.

... als Mutter von kleinen Kindern

Als ich selbst Mutter wurde, habe ich ähnlich gehandelt wie meine Mutter. Auf der einen Seite vermittelte ich meinen Kindern, dass sie nichts machen müssten, auf der anderen Seite staunte ich, für wie viele andere das ein ganz besonderer Tag war. Sollte ich vielleicht lernen, umzudenken? Schließlich wächst man ganz langsam immer mehr in die Rolle einer Mutter hinein. Vielleicht wächst ja auch die Freude am Muttertag.

Die Kinder hören meistens im Kindergarten vom Muttertag. Es wird gemalt und gebastelt, und so findet die Mutter am Morgen des Muttertages oft eine kleine Überraschung vor. Auch in der Grundschule stimmen manche Lehrerinnen die Kinder auf Muttertag ein.

Gedichte werden gelernt oder Briefe geschrieben. In den meisten Terminkalendern wird an den Muttertag erinnert (es ist immer der zweite Sonntag im Mai). Trotzdem vergessen ihn

> Am Geburtstag geht es um die Person, am Muttertag um die Leistung als Mutter.

viele und manche lehnen ihn sogar ab. Sie wollen nicht die Kassen der Blumengeschäfte füllen und ärgern sich über die oft extra teuren Blumenpreise an diesem Sonntag. Wenn der Vater der Familie keinen Sinn für den Muttertag hat, wird er seine Kinder auch nicht daran erinnern oder sogar mit ihnen zusammen etwas vorbereiten. Vielleicht denkt der Vater auch: »Warum Muttertag? Ich feiere ja auch keinen Vatertag.«

In vielen Gesprächen höre ich aber andererseits, dass sich die Mütter über Liebesbeweise am Muttertag unglaublich freuen. Anders als am Geburtstag, an dem es um sie als Person geht, geht es beim Muttertag um ihre Rolle als Mutter.

Die Kinder würdigen das Engagement der Mutter in Bezug auf ihre Kinder und ehren sie für diese einzigartige Aufgabe, die oft so selbstverständlich erfüllt wird.

Muss es so einen gut gemeinten Tag geben? Reicht nicht der Geburtstag der Frau als besonderer Tag aus?

- Wie sind Ihre Erfahrungen mit dem Muttertag als Kind?
- Sind Sie am Muttertag in freudiger Erwartung? Oder haben Sie vielleicht Angst vor einer Enttäuschung?

Vielleicht wehren sich auch deshalb viele Mütter gegen den Muttertag, weil sie ihn für künstlich halten, für eine Hülse ohne Inhalt. Mütter zu ehren, ist eine Herzenssache. Kann man sie per Gesetz oder Empfehlung anordnen?

Die Mütter sehnen sich nach ehrlichem Dank und der kommt immer an. Ein selbst gepflückter kleiner Strauß vom Wegesrand, eine herzliche Umarmung, ein Lob – und die Mutter schmilzt dahin und hat wieder Kraft für die nächsten Tage. Trotzdem würde ich die Tradition nicht so negativ sehen.

... als Mutter von erwachsenen Kindern

Aber ich beobachtete auch die vielen ausgesprochenen und unausgesprochenen Erwartungen, die vielen Verletzungen und Enttäuschungen, die so ein Tag hervorruft. Zum einen werden Mütter verletzt, an die kein Kind denkt, die nicht angerufen werden und die nichts geschickt bekommen. Zum anderen werden Frauen verletzt, die aus den unterschiedlichsten Gründen keine Mütter werden konnten.

Kathrin meinte, dass es gar nicht so einfach ist, dem Tag etwas Gutes abzugewinnen. Oft kämen zwar die Kinder alle nach Hause, aber das würde zugleich bedeuten, dass Mama die ganze Arbeit habe. Sie macht sich vorher Gedanken, wie sie alle satt bekommt, kauft alles ein, schleppt es ins Haus oder die Wohnung, putzt und bezieht vielleicht auch noch Betten und macht dann an ihrem Ehrentag den Sonntagsbraten. Mit hochrotem Kopf, etwas müde und geschafft begrüßt sie lächelnd die erwachsenen Kinder, die, wenn sie Glück hat, pünktlich zur abgesprochenen Zeit kommen. Manchmal wartet man allerdings auch noch – wenn es gut geht – nur bis zu einer halben Stunde und hofft, dass das Essen nicht verkocht. Sind dann alle da und das Essen einigermaßen heiß auf dem Tisch, kann man manchmal den Kommentar ernten: »Mama, du sahst schon mal frischer aus.«

Warum lädt eigentlich die Mutter zu Muttertag ein? Haben wir lieben Mütter da etwas falsch verstanden? Sollten wir vielleicht einmal den Wunsch äußern, wirklich verwöhnt zu werden? Wie wäre es, wenn die Kinder uns einladen und für uns kochen? Oder man könnte zusammen Essen gehen und die Kinder könnten sich die Kosten teilen.

Die eine oder andere wird Kathrin verstehen. Viele feiern aus diesem Grund auch keinen Geburtstag, weil sie es nicht einsehen, sich so viel Arbeit und Stress zu machen, um die Gäste zu bewirten. Sie wollen etwas vom Tag haben und gehen lieber als Familie oder nur mit dem Ehemann oder einer Freundin essen oder frühstücken, was immer moderner wird.

Wie in so vielen Fällen ist es wichtig, miteinander darüber zu reden. Die Mütter dürfen Wünsche äußern und vielleicht erfüllt sich ja der eine oder andere. Viele Verletzungen können vermieden werden, wenn man vorher bespricht, wie der Tag begangen werden soll.

Das ist besser als zu hoffen, zu bangen und zu warten. Am Ende des Tages ist man dann nur verletzt. Die Wünsche sind so verschieden wie die einzelnen Menschen, und Kinder können sie meistens nicht erahnen.

… als erwachsener Mensch in Bezug auf Mutter und Schwiegermutter

- Wie schaffen Sie den Spagat zwischen dem eigenen Muttersein und für Mutter- und Schwiegermutter den Tag schön zu gestalten?

Es kann sein, dass Sie immer dachten, dass es wichtig wäre, am Muttertag anzurufen oder Blumen zu schicken. Aber in Wirklichkeit bedeutet es der älteren Generation gar nichts. Oder genau das Gegenteil ist der Fall. Eine Mutter sagte einmal ihrem Sohn: »Ich habe den ganzen Tag gewartet, dass du anriefst. Ich bin nicht spazieren gegangen, weil ich deinen Anruf nicht verpassen wollte. Aber du hast dich nicht gemeldet. Leider haben auch deine beiden Schwestern den Tag vergessen. Du bist der Erste, der sich heute, fünf Tage später meldet. Ich war sehr traurig. Ist es denn zu viel verlangt, wenn ihr am Muttertag an mich denkt? Geschenke sind mir nicht so wichtig, aber wenigstens ein Gruß.«

> Sprechen Sie mit der Schwiegermutter und Mutter über Erwartungen, Sehnsüchte und Verletzungen.

Einmal fragte mich ein junger Mann: »Wie soll man denn am Muttertag das Telefonat beginnen? Herzlichen Glückwunsch zum Muttertag? Oder: Alles Gute zum Muttertag? Oder: Danke, dass du meine Mutter bist? Alles klingt so komisch.«

Jede Kultur hat Richtlinien für das Miteinander, die uns vorschreiben, wie man sich am besten verhält, um die Etikette nicht zu verletzten. So sagt man am Geburtstag: »Alles Gute zum Geburtstag«; bei einem Sterbefall: »Herzliches Beileid« und an Weihnachten: »Frohe Weihnachten.« Aber was sagt man am Muttertag?

Im letzten Jahr habe ich meine Schwiegermutter zu einer Muttertagsfreizeit eingeladen. Wir sind von Freitag bis Sonntag an einen

Tagungsort gefahren und hatten eine sehr gute Zeit zusammen. Wir schwärmen heute noch davon. Ich hatte im Vorfeld mit meinen Kindern über diese Idee gesprochen. Sie waren etwas überrascht, haben den Wunsch aber gleich akzeptiert. Es war für mich sehr schön, mit freier Zeit, einer schönen Dekoration, guten Gesprächen und gutem Essen, das ich nicht gekocht hatte, verwöhnt zu werden.

> Wie begrüßt man die Mutter am Muttertag?

»Jeder ist seines Glückes Schmied«, sagt der Volksmund, das gilt auch für den Muttertag. Als ich dann am Sonntagabend wieder nach Hause kam, haben wir noch als Familie zusammengesessen, sodass meine Kinder auch noch die Gelegenheit hatten, mir als Mutter eine Freude zu bereiten.

Im Spagat zwischen dem eigenen Muttersein und (noch) eine Mutter und Schwiegermutter zu haben, könnte man entweder den Tag dritteln oder alle zusammenführen oder den Anlass des Tages auf verschiedene Tage aufteilen. Vielleicht kann man es auch jedes Jahr ändern. In einem Jahr nur anrufen oder ein Päckchen oder Blumenstrauß schicken, und im anderen hinfahren oder einladen.

Letztendlich glaube ich, dass es sich lohnt, den Tag feierlich zu begehen. Unser Leben wird durch Beziehungen reich. Wie wir die Beziehungen gestalten, sodass alle Freude daran haben, ist eine Aufgabe, die es zu lösen gilt. Stellen Sie keine überhöhten Anforderungen an sich selbst. Überlegen Sie, was Sie selbst gerne machen würden, und stimmen Sie es dann mit den Betroffenen ab.

Vatertag

Wie anders begehen doch die Väter den Vatertag, als die Mütter den Muttertag. Das ist überhaupt nicht zu vergleichen. Der Tag sollte besser *Männertag* genannt werden.

Wer ehrt denn die Väter? Und wollen sie in ihrer Rolle als Vater geehrt werden?

Der Vatertag[28] hat seine Wurzeln in den USA, genauso wie der Muttertag. 1910 rief Sonora Smart Dodd, beeinflusst durch die Einführung eines Muttertages, eine Bewegung zur Ehrung von Vätern ins

Leben. Präsident Calvin Coolidge gab 1924 eine Empfehlung für die Einführung eines besonderen Feiertages an die Einzelstaaten der USA heraus und Präsident Richard Nixon gab dem Vatertag 1972 den Rang eines offiziellen Feiertages für den jeweils dritten Sonntag im Juni.

In Deutschland wird der volkstümliche Vatertag an Christi Himmelfahrt gefeiert, dem 40. Tag nach Ostern. Er wird auch als *Männertag* oder, vor allem in Ostdeutschland, als *Herrentag* bezeichnet.

Die heutige Form des Vatertagfeierns ist Ende des 19. Jahrhunderts in Berlin und Umgebung aufgekommen und erfreut sich bei Männern immer noch großer Beliebtheit. Kernelement war dabei die Einweihung der Jüngeren in die Sitten und Unsitten von Männlichkeit.

Die traditionell ausschließlich männlichen Teilnehmer an der Vatertagstour machen meist eine Wanderung mit Bollerwagen oder eine gemeinsame Ausfahrt per Traktor, bei der oftmals viel Alkohol konsumiert wird

Aufgrund des erhöhten Alkoholkonsums gibt es, wenn man die Statistik betrachtet, am Vatertag erheblich mehr Schlägereien als an anderen Tagen. Laut dem Statistischen Bundesamt[29] steigt die Zahl der durch Alkohol bedingten Verkehrsunfälle an Christi Himmelfahrt auf das Dreifache des Durchschnitts der sonstigen Tage an und erreicht einen Jahreshöhepunkt.

Der Vatertag sollte besser Männertag genannt werden.

Aber einige Familien nutzen auch den Vatertag als Auftakt für einen viertägigen Kurzurlaub oder sie machen gemeinsame Tagesausflüge. Jede Familie muss da eigene Wege finden, ob und wie sie diesen Tag begehen möchte. Der Vater als Ernährer oder Versorger der Familie sollte geehrt werden. So war es ursprünglich gedacht oder er sollte auch als Held gewürdigt werden, wenn er im Krieg das Vaterland verteidigt hatte.

Gerade in der oft zitierten »vaterlosen« Gesellschaft ist es so wichtig, dem Vatertag einen sinnvollen Inhalt zu geben. Mögen Väter sich an diesem wie auch an anderen Tagen Zeit für ihre Kinder nehmen – egal, wo die Kinder sonst leben. Und mögen Kinder Dankbarkeit gegenüber ihren Vätern entwickeln.

Elterntag?

Heutzutage vermischen sich die Rollen von Mann und Frau. Die meisten jungen Leute wehren sich gegen eingefahrene Rollenbilder und Rollenverständisse. Sie planen, beide zu arbeiten und beide für den Nachwuchs da zu sein, am liebsten – alles fair zur Hälfte.

Neulich hörte ich von einem Paar, das Zwillinge bekam. Sie verbrachten beide das erste Jahr zu Hause und lebten vom Ersparten. Danach arbeiteten sie beide halbtags.

Es ist immer wieder auch die Frage, was einem wichtig ist. Viele werden heute erst spät Eltern. Dann hat man sich schon einige Wünsche erfüllt, viele Reisen unternommen und so fällt der Verzicht auf dieses abenteuerliche Leben auch nicht ganz so schwer. Nach Angaben[30] einer aktuellen Studie der Bertelsmannstiftung bekommen die deutschen Frauen immer später Kinder. Bis 2006 stieg das durchschnittliche Geburtsalter auf 30,1 Jahre an.

Oft zeigt sich allerdings in der Umsetzung der Familienpläne, dass wir als Geschlechter doch unterschiedlicher sind, als wir es wahrhaben wollen. Wenn das erste Kind unterwegs ist, spürt meistens die Frau einen angeborenen Nesttrieb. Auf einmal ist ihr die Karriere nicht mehr so wichtig. Anfangs erkennt sie sich selbst nicht wieder, vielleicht wehrt sie sich auch noch dagegen. Aber irgendwann findet sie Gefallen an der neuen Aufgabe und sieht die Welt mit anderen Augen, mit den Augen einer Mutter.

»Frauen arbeiten lieber mit Menschen als mit Maschinen oder Zahlen«, sagt die kanadische Psychologin Susan Pinker[31]. »Nur die wenigsten haben Ambitionen auf den Chefsessel – weil ihnen Familie und Freizeit genauso wichtig sind wie die Karriere.«

So könnte es vielleicht in naher Zukunft einen *Elterntag* geben anstelle von einem Mutter- und einem Vatertag, weil die Gesellschaft entdeckt, wie wertvoll beide sind und dabei die Erziehungsaufgabe in den Mittelpunkt stellt.

——— Kernaussagen des 6. Kapitels: ———
Mutter- und Vatertag – Lust oder Frust?

- Am Muttertag wird man als Mutter geehrt, am Geburtstag als Person. Es lohnt sich, den Muttertag zu gestalten.
- Es sollte über gegenseitige Erwartungen zwischen den Generationen offen gesprochen werden. Viele Mütter fühlen sich zwischen der Tatsache, selbst Mutter zu sein und gleichzeitig Mutter und Schwiegermutter zu haben, zerrissen.
- Der Vatertag muss erst noch entdeckt werden.
- Ein Elterntag wird angeregt, um mehr Menschen Mut zu machen, Eltern zu werden.

Stichworte: Mutter- und Vatertag, Erwartung, Mut machen, Eltern zu werden.

7. Kapitel:
Wenn die Schwiegereltern hinzukommen

Anrede mit Vornamen

Als wir heirateten, war es üblich, die Schwiegereltern mit *Vater* und *Mutter* anzureden. Die Schwiegereltern als die Älteren boten einem das Du frühestens an der Verlobung, spätestens bei der Hochzeit an. Doch im Laufe der Jahre veränderte sich die Tradition in Deutschland. Eine neue Schwiegereltern-Kinder-Generation wuchs heran. Immer mehr Menschen gebrauchten einfach die Vornamen und oft duzte man sich schon lange vor der Hochzeit, was früher auch nicht üblich war. Ich spreche viel mit Menschen und oft frage ich sie nach ihren Gepflogenheiten.

So vertraute mir eine junge Frau an: »Ich würde zu den Eltern meines Mannes gerne Vater und Mutter sagen, aber es wurde mir nicht angeboten. Meine Eltern starben früh und so würde ich es schön finden, wenn meine Schwiegereltern die Rolle von Eltern übernehmen würden. Aber ich traue mich nicht, sie zu fragen. Ich habe auch Angst, dass sie mein Anliegen nicht richtig verstehen. Als ich Kinder bekam, habe ich angefangen, sie Oma und Opa zu nennen, natürlich nur im Beisein der Enkelkinder. Das war für mich so eine Zwischenlösung.«

Aber es geht auch umgekehrt.
Da sagt mir ein Mann: »Mein jetziger Schwiegersohn kam damals zu uns ins Haus und sagte gleich: ›Sie können Martin zu mir sagen.‹ Irgendwie waren wir da in Zugzwang und haben uns auch mit Vornamen vorgestellt. Als dann meine Tochter nach vier Jahren heiratete, blieb er bei unseren Vornamen. Uns kommt das komisch vor, aber wir haben das Thema nie angeschnitten.«

- Sprechen Sie Ihre Schwiegereltern mit Vornamen an?
- Wollen Sie als Schwiegereltern mit *Vater* und *Mutter* angesprochen werden?

- Was wünschen Sie sich, wenn Sie in sich hineinhören?
- Wollen Sie es thematisieren?

Keine zusätzliche Verantwortung

Als ich Schwiegertochter wurde, hatte ich einen Herzenswunsch: »Ich möchte für meine Schwiegereltern wie eine Tochter werden.« So besuchte ich sie auch ohne meinen Mann, baute Beziehung und bemühte mich, einmal im Jahr für eine Woche mit den Kindern bei ihnen zu sein, damit sie die Chance hatten, auch eine gute Beziehung als Großeltern aufbauen zu können. Sie wohnten gut dreihundert Kilometer entfernt, deshalb sahen wir uns nicht so häufig.

Nach zehn Jahren besuchte ich sie wieder einmal alleine mit den Kindern. Wir saßen gemütlich zusammen, als ich dachte:»Ich wollte immer ihre Tochter werden und ich freue mich, dass ich mich mittlerweile so fühle.«

Das Thema ist konfliktbeladen. Als ich einer 40-jährigen Richterin von meinen Plänen erzählte, allen meinen zukünftigen Schwiegerkindern anzubieten, *Mama, Mutti, Mutter, Maman, Mum, Madre* oder was auch immer zu sagen, explodierte sie und meinte, so einem Druck würde sie sich nie aussetzen wollen. Sie hätte eine Mutter und einen Vater und alles Weitere sei überflüssig. Es würde doch reichen, die Eltern des Ehemannes mit den Vornamen anzureden; eine engere Beziehung wolle sie auch gar nicht. Ich entgegnete:»1 000 Leute dürfen zu mir Ute sagen, aber nur wenige dürfen mich Mutter nennen. Ich wünsche mir, dass dieser besonderen Beziehung auch im Namen Rechnung getragen wird. Ich will auch bereit sein, Mutter für die Schwiegerkinder zu sein, wie auch immer das in der Praxis aussehen würde.« Wie geht es Ihnen in dieser Diskussion?

Ist es für Sie ein Druck oder eher ein Vorrecht?

Wir sitzen bei einem köstlichen Essen, als wir die Gastgeber nach ihren Kindern fragen. Zwei Kinder sind schon erwachsen, zwei gehen noch zur Schule. Ein Sohn hat vor vier Jahren geheiratet. Neugierig fragen wir nach: »Was sagt denn deine Schwiegertochter zu dir? Spricht sie dich mit Papa oder Vater an?«, frage ich Siegi. »Nein, sie nennt mich

beim Vornamen.« »Hast du ihr denn angeboten, dich Vater zu nennen?«
»Nein«, kommt es wie aus der Pistole geschossen. »Und ehrlich gesagt,
will ich das auch gar nicht. Ich bin Vater von vier Kindern. Das reicht,
damit habe ich mehr als meine Pflicht erfüllt. Ich will doch nicht noch
vier weitere Kinder dazu bekommen. Lena ist die Frau meines Sohnes
und das ist gut so. Sie braucht nicht auch noch meine Tochter zu werden.
Die Verantwortung lehne ich ab.«

Ich bin etwas sprachlos, muss ich gestehen. Das hätte ich nicht
erwartet, immerhin sind unsere Gastgeber 15 Jahre älter als wir.

Mir fällt auf, dass über dieses wichtige Thema zwischen den Generationen nicht gesprochen wird. Man verhält sich einfach so, wie es
in der Gesellschaft üblich ist. Zum einen mag es altmodisch sein, die
Schwiegereltern mit Mutter und Vater anzureden und man möchte
mit dem Trend gehen. Zum anderen scheint aber auch eine Auflö-
sung der Zusammengehörigkeit der Generationen stattzufinden. Die
Eltern- und Kindergeneration lebten noch nie so unabhängig voneinander wie heutzutage. Ein Grund dafür ist sicher die hohe Flexibi-
lität und Mobilität, die heutige Arbeitnehmer an den Tag legen müssen. Sie wechseln die Arbeitsstellen und oft damit auch den Wohnort,
manchmal sogar das Land oder den Erdteil. So leben Eltern und
erwachsene Kinder mehr oder weniger für sich. Hinzu kommt eine
veränderte Einstellung zum Leben, das so lange es irgendwie geht,
ausgekostet werden möchte.

Die ältere Generation freut sich an ihrer wiedergewonnenen Freiheit nach der Berufstätigkeit, möchte reisen, ihr Leben genießen und
nicht nur für die erwachsenen Kinder leben, wie das früher oft üblich
war. Sie wollen nicht mehr rund um die Uhr Babysitten oder sogar den
Haushalt führen, damit die Jungen beide arbeiten gehen können. Sie
lieben ihre Enkelkinder eher nach dem Motto: »Ich freue mich, wenn
sie zu Besuch kommen. Aber ich freue mich auch genauso, wenn sie
wieder gehen und ich wieder meine Ruhe habe.«

Moderne Großeltern genießen ihre Enkel: Sie laden sie in den Zoo
ein und verbringen mit ihnen vielleicht auch eine Woche zusammen
auf Mallorca.

Ausnahmen bestätigen die Regel, aber die Mehrheit der Großeltern
verhält sich so.

Entwicklung einer Beziehung

Das Verhältnis zwischen Schwiegereltern und Schwiegerkindern muss sich erst langsam entwickeln. Selbst wenn man Mutter und Vater sagen würde, wären die Worte erstmal nur Worthülsen, die im Laufe des Lebens gefüllt werden. Aber es gibt eine Richtung vor: Wir wollen gegenseitig Verantwortung übernehmen, Beziehung bauen, füreinander sorgen und in guten und schlechten Tagen zusammenhalten.

Anerkennung geben

Meistens sieht man ja am Elternhaus des Ehepartners nur, was alles *nicht* geleistet wurde, wo der Partner in unseren Augen nicht gut erzogen, sondern verwöhnt oder zu sehr bestraft wurde.

Scheinwerfer auf das Gute richten

Aber es lohnt sich, einmal zu überlegen, was die Schwiegereltern geleistet haben, damit Ihr Partner erwachsen werden konnte. Denken Sie an die vielen Stunden Erziehung, Versorgung, Begleitung, Trost und Liebe. Es tut gut, sich das einmal vor Augen zu führen. Zu schnell sieht man den Mangel überdimensional groß.

Fettnäpfchen und Co

Den Familienneuling auch ansprechen

Leider passieren oft bereits, wenn man das erste Mal ins Haus der zukünftigen Schwiegereltern kommt, viele kleine und große Verletzungen, die man bei jeder Gelegenheit immer wieder gerne anderen erzählt. Eltern kennen natürlich die Gewohnheiten und Essensvorlieben ihrer Kinder am besten. So kann es leicht vorkommen, dass die Mutter ihre Tochter anspricht, ohne die Einladung, sich zu bedienen, auch an ihren Freund zu richten. Wenn dann der Stolz des Familienneulings dadurch verletzt wurde, kann er so reagieren, dass er gar nicht isst.

»Petra, ich habe extra für dich Reibekuchen gemacht, die isst du doch so gerne.« Arne steht daneben und denkt: »Was soll das heißen? Sind die abgezählt und ich bekomme keine?«

Oder die Mutter fordert beim Kaffeetrinken im Advent ihren Sohn David vielleicht folgendermaßen auf:

»David, ich habe deine Lieblingsplätzchen gebacken. Sie sind in der kleinen Dose auf dem Tisch.«

Wenn man neu in einer Familie ist, fällt einem alles auf, was anders ist als in der Herkunftsfamilie. Man ist einfach supersensibel und leicht verletzbar. Jedes Wort wird auf die Goldwaage gelegt. Verletzter Stolz bewirkt dann die Reaktion, dass man lieber auf die selbst gebackenen Plätzchen verzichtet, obwohl man sie so gerne essen würde, weil die Kekse ja nur für den Herrn Sohn gebacken wurden.

Herkunftsfamilie berücksichtigen

Als Schwiegereltern sollte man darauf achten, dass der Freund oder die Freundin immer auch mit angesprochen wird. Oft genug kann man den Gesprächen nicht folgen, weil man gewisse Hintergrundinformationen nicht hat.

Versetzen Sie sich in die Situation des Familienneulings. Wie fühlt sich ein junger Mann, der

Ein Perspektivenwechsel tut manchmal not.

als Einzelkind groß wurde, wenn er das erste Mal in eine Großfamilie mit sechs Kindern eintaucht? Haben Sie Verständnis dafür, dass schon alleine der Lärmpegel bei Tisch anstrengend sein kann? Es tut gut, dann zum Beispiel einen Spaziergang anzubieten, bei dem man alleine, zu zweit oder auch in der Gruppe gehen kann, um ein bisschen Ruhe zu haben.

Speisen probieren lassen

Ein beliebtes Fettnäpfchen ist auch das Anbieten von Speisen, die in einigen Familien üblich, in anderen aber nicht bekannt sind. Wenn man nicht von klein auf daran gewöhnt wurde, zum Frühstück Haferflocken mit Zuckerrübensirup und Milch zu essen, wird man wahrscheinlich als Erwachsener schon wegen des merkwürdig aussehenden, braunen Breies eher verzichten.

Haben Sie Verständnis für den Gast und bieten Sie an, das Essen probieren zu dürfen. Sollte es nicht schmecken, gibt es die Option, es stehen zu lassen und stattdessen Brot mit Marmelade oder Aufschnitt zum Frühstück zu essen.

Gewohnheiten erklären

Wichtig ist natürlich auch, dass der Partner mich auf das Elternhaus des anderen vorbereitet.

»Nimm besser feste Schuhe und einen warmen Anorak mit, da wir mit Gästen gerne spazieren gehen«, könnte als Information hilfreich sein. Oder: »Könntest du dir vorstellen, mit meiner Familie Gesellschaftsspiele zu spielen. Wenn ja, welche?« Bedenken Sie, dass es natürlich am Anfang des Besuches mehr Spaß macht, bekannte Spiele auszusuchen oder solche Spiele, die man beim ersten Erklären auch verstehen kann. Es kann peinlich sein, wenn der Gast immer verliert. Das mag keiner gern.

Partner auf das jeweilige Elternhaus vorbereiten

Ich kenne eine Frau, die das Spiel »Set« nicht so schnell erfasste wie die Schwiegerfamilie. Bei Set muss man entweder drei gleiche Karten herausfinden oder drei, die alle immer etwas anderes darstellen und dann als Erster Set rufen, wenn man es entdeckt hat. Das erste Mal in der Familie war so peinlich, dass sie sich das Spiel kaufte und dann täglich trainierte. Die anderen staunten nicht schlecht, als sie das nächste Mal mit ihnen spielte und fast alle Sets abräumte.

So kann man der Familie des Partners auch zeigen, dass man sich für das begeistert, was die Familie gerne tut. Um sich besser an Diskussionen beteiligen zu können, kann man sich auch auf Themen wie Politik, Sport oder Kultur vorbereiten, je nachdem, was die Herkunftsfamilie des Mannes oder der Frau interessiert. Manchmal wird durch die andere Familie eine neue Welt aufgestoßen, die man erst vorsichtig betritt, die aber letztlich auch zur Bereicherung werden kann.

Ehrliche Auseinandersetzung mit dem eigenen Elternhaus

Ein wichtiger Tipp, wenn Sie am Anfang Ihrer Ehe stehen: Lernen Sie das Fremdartige anzusprechen, ohne zu verurteilen. Bedenken Sie, dass keiner es mag, wenn die eigenen Eltern kritisiert werden. Selbst wenn man in der Tiefe des Herzens weiß, dass der andere recht hat, verteidigt man seine Herkunftsfamilie. Versuchen Sie gegenseitig, objektiv an das Gesagte heranzugehen.

Geben Sie ruhig zu, dass der andere mit seiner Beobachtung recht hat. Lernen Sie Ihre Eltern mit den Augen des anderen neu kennen. Viele von uns sind so erzogen, dass man das eigene Nest nicht beschmutzen soll. Aber viel Streit könnte vermieden werden, wenn es nicht um Anklage und Verteidigung ginge, sondern um eine ehrliche Auseinandersetzung mit dem Elternhaus.

> Lernen Sie das Fremdartige anzusprechen, ohne zu verurteilen.

Fallstrick Eifersucht und Konkurrenzkampf

Schwiegermutter-Schwiegertochter und Schwiegervater-Schwiegersohn sind Beziehungen, die es in sich haben, da es Konkurrenzbeziehungen sind. Es kämpfen immer zwei Personen um die Gunst des gleichen Menschen. Im ersten Fall kämpfen zwei Frauen um die Liebe eines Mannes, im zweiten kämpfen zwei Männer um die Gunst einer Frau. Aber auch bei den Beziehungen Schwiegermutter-Schwiegersohn oder Schwiegervater-Schwiegertochter können Probleme auftreten. Hier kann es Schwierigkeiten aufgrund der Geschlechterkonstellation oder aufgrund des Aufeinandertreffens der verschiedenartigen Persönlichkeiten geben. Auch die unterschiedliche Einstellung, was Familie ist und wie man gemeinsame Zeit verbringt, kann Anlass zu Streit sein.

Geben Sie der Beziehung Zeit, um zu wachsen. Wenn Sie sich verletzt fühlen, fragen Sie erst Ihren Partner, wie er die Situation empfunden hat. Versuchen Sie herauszufinden, wie es zu dem Streit oder zu den Verletzungen kam. Sprechen Sie die Punkte in Achtung unter vier Augen oder zu mehreren an. Wichtig ist, aus der Ich-Perspektive heraus zu sprechen und zu betonen, dass es Ihre persönliche Wahrnehmung ist. Glauben Sie Ihrem Gesprächspartner, dass es ihm leid tut, wenn er sich entschuldigt. Es geht mehr um gegenseitiges Verständnis, aus dem heraus Verletzungen in Zukunft vermieden werden können, als um recht haben.

Rat an die Schwiegertochter für ihre Beziehung zur Schwiegermutter

Eine Schwiegermutter kann durch einfache Fragen das seelische Gleichgewicht der Schwiegertochter durcheinanderbringen, meistens jedoch, ohne es zu wollen.

Anja telefoniert mit ihrer Schwiegermutter, die auf einmal fragt: »Was habt ihr denn heute gegessen?« Ohne es zu wissen, berührt sie damit einen wunden Punkt. Anja sagt nichts und fühlt sich von der Schwiegermutter kontrolliert. »Bist du noch am Telefon, Anja?«, kommt es vom anderen Ende, doch Anja muss erst um Fassung ringen, hatte doch Anjas Mann erst gestern geäußert: »Bei Mama schmeckt der Sauerbraten aber besser.«

Wer in sich ruht, wird durch solche Aussagen nicht verletzt und gesteht sich ein, dass er noch nicht so versiert sein kann wie die Schwiegermama mit ihrer jahre- bis jahrzehntelangen Erfahrung. Können Sie Ihren Stolz ablegen und die Schwiegermutter nach dem Rezept fragen oder danach, was ihr Geheimnis sei, so einen gut schmeckenden Sauerbraten zu zaubern? Dann passiert zweierlei: Die Schwiegermutter fühlt sich geehrt und die Schwiegertochter lernt die Leib- und Magenspeise des Mannes zu kochen.

Steigen Sie nicht in das Hamsterrad des Vergleichens ein.

Ihre Schwiegermutter wird immer einen besonderen Platz im Herzen Ihres Mannes behalten. Er wird Sie dafür umso mehr lieben, wenn Sie versuchen, sich gut mit ihr zu verstehen. Verbringen Sie auch einmal Zeit alleine mit Ihrer Schwiegermutter. Laden Sie sie zu sich oder in ein Café ein. Es wird Ihnen beiden guttun! Sie erfahren viele Dinge, die Ihnen in Ihrer Ehe wieder zugutekommen. Sie werden Ihren Partner besser verstehen, wenn Sie wissen, wie er als Kind war. Stellen Sie viele Fragen. Es kann sehr spannend sein, die Schwiegermutter kennenzulernen. Vielleicht finden Sie ja auch ein gemeinsames Hobby.

> Ihre Schwiegermutter war die erste Frau im Leben Ihres Mannes.

Auch wenn Sie es nicht gerne hören: Oft heiratet der Mann »seine Mutter«. Vielleicht sind Sie Ihrer Schwiegermutter ähnlicher als Sie wollen oder sich vorstellen können. Lassen Sie Verletzungen rechtzeitig los, bevor sie Wurzeln der Bitterkeit schlagen. Sie können auch versuchen, in Liebe Dinge anzusprechen. Denken Sie dabei immer daran, Ihre Schwiegermutter als Freundin zu gewinnen. Natürlich dürfen Sie auch Grenzen setzen. Sie beide müssen ja erst einmal lernen, wie sich das anfühlt, Mutter- beziehungsweise Tochtergefühle zu entwickeln. Sie beide werden Fehler machen, nicht nur eine allein.

Rat an die Schwiegermutter für ihre Beziehung zur Schwiegertochter

Lassen Sie Ihren Sohn los. Denken Sie nicht, dass Sie ihn jetzt verloren haben, sondern dass Sie eine Tochter dazugewonnen haben. Je mehr Sie Ihre Schwiegertochter annehmen und lieben lernen, desto öfter wird auch Ihr Sohn nach Hause kommen. Viele Schwiegermütter beklagen, dass sie die Enkelkinder so selten sehen. Erfahrungsgemäß zieht es die Töchter eher ins eigene Elternhaus. Wenn die Beziehung zur Schwiegermutter eher spannungsgeladen ist, fährt man mit den Kindern auch nicht alleine dorthin. Werben Sie um die Schwiegertochter und verkneifen Sie sich die eine oder andere kritisierende Bemerkung. Erinnern Sie sich noch daran, wie Sie sich als frisch gebackene Schwiegertochter fühlten? Vielleicht hilft Ihnen diese Erinnerung, nicht die gleichen Fehler zu machen.

Ich wünsche Ihnen Sensibilität, wenn Eifersucht in Ihnen hochsteigt. Eifersucht lauert überall. Man neidet der jungen Frau ihre Schönheit und Jugend, und merkt selbst, dass man jetzt in die zweite Reihe rückt.

Die Lebensmitte ist teilweise schon überschritten und jede positive Bemerkung Ihres Mannes über den guten Geschmack des Sohnes in der Wahl seiner Frau kann bei Ihnen eine Krise auslösen. Die Schwiegertochter fühlt sich geschmeichelt, wenn der Schwiegervater sich sichtbar über Ihren Besuch freut und kann auf diese Weise zur Konkurrentin werden. Vertrauen Sie sich einer Freundin oder Ihrem Mann an und reden Sie über das Gefühlschaos in Ihnen.

Auch Komplimente an die Schwiegertochter, wie gut sie backen oder kochen kann, sind manchmal schwer zu ertragen. Müssen Sie vielleicht erleben, dass Ihr Mann bei der Schwiegertochter Rosenkohl mag, bei Ihnen zu Hause aber nicht? Sagen Sie lieber ein Wort zu wenig als eins zu viel.

Früher wurde gesagt, dass die besten Schwiegermütter die »3 S« beherzigen würden: schweigen, schenken und schuften. So als grobe Richtlinie ist das vielleicht gar nicht verkehrt, wobei die Worte natürlich alle mit »s« anfangen mussten. Bemühen wir uns lieber, auf Fragen zu antworten, als unsere Erziehungsratschläge ungefragt an die Schwiegertochter zu richten. Versuchen Sie herauszufinden, womit Sie Ihrer Schwiegertochter wirklich eine Freude machen können. Geschenke können sehr lieblos erscheinen, wenn man nur das schenkt, was man selbst für gut hält. Springen Sie über Ihren Schatten und kaufen Sie das, was Ihre Schwiegertochter mag. Und für *schuften* kann man vielleicht besser *helfen* sagen. Es tut so gut, wenn die Schwiegermutter fragt, ob sie helfen kann. Wenn dies aus einer unterstützenden Haltung heraus geschieht, wird die Schwiegertochter es wertschätzen. Meiden Sie abfallende Bemerkungen über deren Haushaltsführung.

Rat an die Schwiegertochter für ihre Beziehung zum Schwiegervater

Bedenken Sie, dass Ihr Schwiegervater auch ein Mann ist. Bringen Sie ihn nicht in Versuchung. Flirten Sie nicht mit ihm. Kleiden Sie sich nicht zu freizügig. Wenn Sie bei den Schwiegereltern übernachten, dann achten Sie die Privatsphäre.

Akzeptieren Sie die Distanz, die der Schwiegervater zu Ihnen hält. Vielleicht schützt er sich damit selbst.

Es kann sein, dass Sie allergisch auf einige Schwächen Ihres Schwiegervaters reagieren, weil Sie sie bei Ihrem Partner auch schon entdecken. Worte wie: »Du bist wie dein Sohn«, oder auch zum Mann: »Du bist wie dein Vater«, sind zwar richtig, verletzen aber meistens, weil sie fast immer negativ gemeint sind.

Rat an den Schwiegervater für seine Beziehung zur Schwiegertochter

Versuchen Sie nicht, der Schwiegertochter zu beweisen, was Sie für ein toller Mann sind. Denken Sie bei jeder Begegnung daran, dass Ihre Schwiegertochter die Frau Ihres Sohnes ist! Treten Sie nicht in Konkurrenzkampf mit Ihrem Sohn.

Rat an den Schwiegervater für seine Beziehung zum Schwiegersohn

Sind Sie als Schwiegervater auf den jungen Mann an der Seite Ihrer Tochter eifersüchtig? Bisher waren Sie der wichtigste Mann im Leben Ihrer Tochter, der erste Mann, den sie liebte, der sie prägte und von dem sie lernte, was es heißt, ein Mann zu sein. Nun müssen Sie den Platz im Herzen der Tochter für einen anderen jungen Mann räumen. Wo kommt nur diese Eifersucht her? Vielleicht kennen Sie sich selbst nicht mehr. Gehen Ihnen auch viele Gedanken durch den Kopf? »Hoffentlich verletzt er sie nicht. Kann er meine Tochter überhaupt glücklich machen?«

Das sind vollkommen normale Reaktionen. Sie müssen sich langsam aus der Rolle des Beschützers verabschieden. Das kann wehtun. Nehmen Sie den jungen Mann als Sohn an und bieten Sie ihm Hilfe an, wenn er danach fragt.

Ein Bekannter kam in Geldsorgen. Er wurde arbeitslos und konnte einigen Verpflichtungen nicht mehr nachkommen. Im Gespräch erzählte er mir, dass sein Schwiegervater ihm bei der Hochzeit sagte: »Wann immer du Geld brauchst, komm zu mir und bitte mich darum. Wenn ich es habe, gebe ich es dir. Die einzige Bedingung ist, dass du von dir aus kommst und mich fragst. Ich werde es dir nicht einfach anbieten.« »Ja, und worauf wartest du noch?«, fragte ich. »Mein Stolz steht mir im Wege. Ich will ihm gegenüber nicht zugeben, dass ich meine Familie nicht ausreichend versorgen kann«, bekannte er.

Wenn Sie Ihrem Schwiegersohn eine Hand für den Notfall reichen, spürt er Ihre väterliche Liebe.

Rat an den Schwiegersohn für seine Beziehung zum Schwiegervater

Ihr Schwiegervater hat maßgeblich dazu beigetragen, dass Ihre Frau zu der Frau wurde, die sie heute ist. Können Sie ihn dafür ehren? Selbst wenn Sie nicht so begeistert von der Erziehungsleistung Ihres Schwiegerpapas sind, muss ich Ihnen sagen, dass er das Beste gegeben hat, was er hatte. Wenn es wenig war, hatte er auch nicht mehr. Wollen Sie ihn deshalb verurteilen? Wer weiß, was er von seinen Eltern mitbekommen hatte!

Zwei Männer zusammen bedeutet oft Konkurrenzkampf. Man mustert sich, schätzt sich ab und misst auch schon mal die Kräfte miteinander. Demontieren Sie Ihren Schwiegervater nicht. Bedenken Sie, dass Ihre Frau ihn wahrscheinlich sehr liebt. Wenn sie ihn nicht mag, dann haben Sie vor der ersten Begegnung wahrscheinlich schon sehr viele negative Gefühle und Vorurteile in sich. Bemühen Sie sich trotzdem erst einmal um eine freundliche Begegnung. Geben Sie ihm eine Chance. Vielleicht gelingt es Ihnen ja, Frieden in die Beziehung zwischen Ihrer Frau und dem Schwiegervater zu bringen.

Begegnen Sie dem Schwiegervater mit dem nötigen Respekt. Bieten Sie Hilfe an. Wenn Sie miteinander arbeiten, ergeben sich oft gute Gespräche und es entsteht eine Atmosphäre der gegenseitigen Wertschätzung. Achten Sie immer auf Ihre Haltung, damit sich keine Verachtung einschleicht.

Rat an die Schwiegermutter für ihre Beziehung zum Schwiegersohn

Achten Sie darauf, dass Sie Ihrer Tochter nicht den Mann wegnehmen.

Mirca war nur 18 Jahre älter als ihre Tochter Mona. Sie kleidete sich modisch und wirkte in ihrer jugendlichen Kleidung wie die ältere Schwester. Wenn der Schwiegersohn Mike zu Besuch kam, unterhielt sie sich angeregt mit ihm und war sehr zuvorkommend.

Es blieb ihr nicht verborgen, dass der Schwiegersohn sehr begeistert von ihr war. Einmal sagte Mona zu ihr: »Mama, ich komme gar nicht gerne nach Hause. Ich habe den Eindruck, dass du dann immer im Mittelpunkt stehst.«

Besonders wenn Sie noch eine sehr jung gebliebene Mutter sind, bitte ich Sie um Rücksichtnahme. Natürlich haben Sie mehr Lebenserfahrung. Sie wissen, wie Sie wirken. Deshalb bitte ich Sie um äußerste Zurückhaltung. Es spricht nichts dagegen, ein gute Beziehung aufzubauen, aber es gibt Grenzen, die zu wahren sind. Fördern Sie die Ehebeziehung Ihrer Kinder, bieten Sie Hilfe in Form von Babysitten an. Gönnen Sie den jungen Leuten Zeiten zu zweit ohne die Kinder. Manchmal ergeben sich auch gute Gespräche mit dem Schwiegersohn, die ihm helfen, Reaktionen der Frau besser einordnen zu können. Seien Sie authentisch, ohne zu manipulieren. Reden Sie nicht negativ über die eigene Tochter. Denken Sie immer daran, dass Ihr Schwiegersohn Ihre Tochter liebt und fördern Sie diese Liebe.

Rat an den Schwiegersohn für seine Beziehung zur Schwiegermutter

Sie gewinnen das Herz jeder Schwiegermutter, wenn Sie Hilfe anbieten oder einfach ohne zu fragen den Tisch abräumen oder Schüsseln mit Essen aus der Küche in das Esszimmer tragen. Begegnen Sie ihr mit Respekt. Loben Sie das Essen, wenn es Ihnen geschmeckt hat. Aber bleiben Sie dabei ehrlich. Sagen Sie lieber, was Sie nicht mögen. Sie werden voraussichtlich noch oft zu Gast sein und Schwiegermütter merken sich die Vorlieben. Jeder Mensch darf sagen, dass er keinen Fisch mag oder Kohl nicht verträgt. Lieber am Anfang die Wahrheit sagen, als immer wieder Fisch und Kohl vorgesetzt zu bekommen. Es ist für beide Seiten besser. Auch der Schwiegermutter ist es lieber zu wissen, dass sie Ihren Geschmack getroffen hat.

Achten Sie darauf, Ihre Schwiegermutter nicht bloßzustellen. Meiden Sie Kommentare über ihr Gewicht, ihr Alter, graue Haare oder Falten.

»Mutter, herzlichen Glückwunsch zu deinem 56. (76.) Geburtstag. Ehrlich gesagt, siehst du gar nicht so alt aus.« Diese flotten Sprüche vor allen Gästen können schon tiefe Spuren hinterlassen. Eine Schwiegermutter sagte einmal daraufhin: »Keiner meiner Gäste weiß, wie alt ich bin. Musstest du es in alle Welt posaunen? Ab 50 wird eine Frau nicht mehr älter, nur reifer.«

Wenn Sie Ihrer Schwiegermutter etwas Kritisches sagen wollen, dann lieber unter vier Augen.

Versöhnt mit den Generationen

Egal, ob Sie in einer Doppelhaushälfte mit den Schwiegereltern oder Eltern sehr nahe beieinander oder über viele Kilometer hinweg entfernt voneinader wohnen: Es ist wichtig, eigenständig zu leben. Um glücklich verheiratet zu sein, muss eine Loslösung vom eigenen Elternhaus stattfinden. Die Beziehung zum Ehepartner muss wichtiger sein als die zu Mutter und Vater.

Man kann sein Elternhaus räumlich verlassen haben, aber täglich mehrmals miteinander telefonieren und keine Entscheidung ohne Einwilligung der Eltern tun. Traditionen, Prägungen und Werte der Vorgeneration werden einfach übernommen. Sie wirken aber eher wie eine Fessel als wie eine Übernahme aus Überzeugung. Umgekehrt kann man zusammen in einem Haus leben und frei sein. Man achtet sich gegenseitig, erträgt auch unterschiedliche Standpunkte und kann aus Überzeugung handeln.

Es ist wichtig, Frieden mit Eltern und Schwiegereltern zu schließen, damit ein gutes Miteinander gelingen kann. Das ist man auch der Enkelgeneration schuldig. Gönnen Sie Ihren Kindern ihre Großeltern. Sie brauchen sie.

Wenn Sie Ihre Eltern und Schwiegereltern ehren, sammeln Sie Schätze im Herzen Ihrer Kinder, die Ihnen vielleicht selbst sogar einmal zugutekommen werden.

Kernaussagen des 7. Kapitels: Wenn die Schwiegereltern hinzukommen

- Die neue Schwiegereltern-Kinder-Generation redet sich nur noch mit Vornamen an und möchte gegenseitig möglichst keine Verantwortung mehr übernehmen.
- Ich ermutige den Generationenvertrag im Zwischenmenschlichen nicht aufzulösen, die Eltern des Partners zu ehren, sie kennenzulernen, sich mit ihnen auseinanderzusetzen und in einer vergebenden Haltung miteinander umzugehen.
- Es braucht viel Sensibilität, diese Schwieger-Beziehung zu leben, da es um Eifersucht und Machtspiele geht. Grenzen zu setzen, ist erlaubt und wichtig.

Stichworte: Vornamen, Generationenvertrag, Eifersucht und Fettnäpfchen, Distanz und Nähe.

8. Kapitel:
Rollentausch – Was nun?

Die Eltern-Kind-Beziehung ist im Laufe des Lebens einem enormen Wandel unterworfen. Am Anfang ist das Kind existenziell von den Eltern abhängig. Fast zwei Jahrzehnte lang sind die Eltern Wegweiser, erziehen, versorgen und begleiten. Dann löst sich das Kind immer mehr und wird eine reife Persönlichkeit, die eigenverantwortlich leben kann. Besonders für die Mütter kann das eine Krise auslösen, weil sie sich nicht mehr gebraucht fühlen. Die Lebensmitte ist aber auch eine Phase, in der Eltern ihre wiedergewonnene Freiheit neu annehmen und genießen lernen. Der Nachwuchs schließt die Berufsausbildung ab, gründet oft selbst eine Familie und macht die Eltern zu Großeltern.

Jung und Alt profitieren von einander

Die Großeltern profitieren von den Enkeln, die ihnen Anschluss an das Heute und Jetzt geben, während die Enkel von der Lebenserfahrung der Großeltern viel lernen. Welche Eltern haben noch Zeit fürs Vorlesen und wie gerne tun das Oma und Opa? Meistens hat die ältere Generation die Langsamkeit gegen die Hektik getauscht; somit passen sie gut zum Rhythmus der Enkelkinder. Interessanterweise werden Väter und Mütter, die durch die Berufstätigkeit wenig Zeit für ihre Kinder hatten, oft außergewöhnlich gute Großeltern. Allerdings sorgt das manchmal auch für Zündstoff mit den Kindern, die eifersüchtig werden und anprangern: »Mit mir hast du nie ein Schiff aus Lego gebaut. Ich kann mich nicht erinnern, dass du mit mir schwimmen gegangen bist. Hast du mir gezeigt, wie man eine Schürze näht?« Haben Sie den Mut, sich einzugestehen, dass auch Eltern aus ihren Fehlern lernen können, und versöhnen Sie sich mit Ihrer Kindheit.

Manche Familien leben auch heute noch als Großfamilien zusammen, oder wenigstens Haus an Haus. Dadurch haben die Kinder gute Babysitter vor Ort, wenn man einmal kurzfristig weg muss. Wenn man sich an Absprachen hält, funktioniert das ganz gut.

Der Rollentausch ist eingeläutet

Enkel zu bekommen, ist auf der einen Seite sehr schön. Auf der anderen Seite tun sich manche auch schwer mit der Anrede *Oma* und *Opa*. Die Geburt der übernächsten Generation läutet den Herbst und Winter des Lebens mit Alter, Hilfsbedürftigkeit, Sterben und Tod ein. Solange die Enkelkinder noch klein sind, sind die Großeltern oft auch noch rüstig und berufstätig. Dann kommt für die ältere Generation der Abschied aus dem Berufsleben und damit das Rentenalter. Viele nutzen die Zeit, um mit einem Wohnmobil durch Europa zu fahren oder mehrere Monate im Jahr in südlichen Ländern zu leben. Solange beide gesund sind, geht das gut. Aber langsam verändert sich dann das Verhältnis zu den Kindern. Zunehmend brauchen die Eltern mehr Hilfe, werden öfters krank und ziehen sich aus dem aktiven Leben mehr und mehr zurück, bis sie nur noch in ihrer eigenen Welt leben. Manche werden auch pflegebedürftig.

Es ist für beide Seiten nicht einfach mitzuerleben, dass die Beziehung sich umkehrt. Es findet ein Rollentausch vom Berater mit Lebenserfahrung zum Hilfsbedürftigen statt. Eltern haben oft Schwierigkeiten, Hilfe anzunehmen und zuzugeben, dass sie sich vieles nicht mehr merken können. Viele kommen auch mit den veränderten Gesellschaftsstrukturen und Medien nicht mehr zurecht. Die Welt dreht sich für die alternden Menschen auf einmal zu schnell. Manche werden uneinsichtig, aggressiv oder launisch, andere depressiv.

Würde im Alter?

»Es ist nicht schön, alt zu werden«, klagt so mancher alte Mensch. »Nichts funktioniert mehr richtig. Man hört, sieht und schmeckt immer schlechter und das Kurzzeitgedächtnis lässt einen öfter mal im Stich.« Loki Schmidt meinte in der Augsburger Allgemeinen[32] anlässlich ihres 90. Geburtstages: »Das hohe Alter ist nicht sehr lustig.«

»Was kommt denn noch außer dem Tod? Essen und schlafen sind noch die einzigen Freuden«, klagte eine Tante. Lange leben will jeder, aber alt werden keiner. Wie soll das gehen?

Aber es gibt auch andere Stimmen im Alter. Eine 82-Jährige hat vor fünf Jahren mit dem Erlernen der spanischen Sprache angefangen, da ihre Tochter einen Spanier heiratete. Mittlerweile kann sie schon spanische Literatur lesen. »Ich will noch nicht sterben«, sagte mir die 80-jährige Elisabeth. »Ich habe noch so viel vor. Ich will noch meine Urenkel erleben.«

Das hat mich als damals 40-Jährige tief beeindruckt. Auch der 100. Geburtstag unserer Nachbarin kommt mir in Erinnerung. Sie feierte ihn in einem Gartenlokal, lud viele Nachbarn zum Feiern ein und genoss den Trubel sichtbar.

Unter dem Titel »Augenblick – Würde im Alter« porträtierte der Fotograf C. Bünten Senioren. Einige Bilder erschienen unter der Überschrift[33] »Fotomodels aus dem Seniorenheim« in der Tageszeitung, andere wurden in einem Pflegeheim ausgestellt.

»Würde im Alter«, diese Überschrift spricht mich an. Hat nicht jedes Alter seine Bedeutung und somit auch seine Würde?

Warum haben wir in den letzten Jahren die Jugend so auf den Thron gehoben? Eben sagte mein Sohn noch: »Die Ü30-Partys – also die Veranstaltungen, wo man nur zugelassen wird, wenn man über 30 Jahre alt ist – heißen bei den Jugendlichen: Gammelfleischpartys.« Vielleicht kann man darüber schmunzeln und man soll ja auch nicht alles auf die Goldwaage legen, aber respektlos ist es schon. Kein Wunder, dass heute viele Menschen alles Mögliche dafür tun, um jung zu wirken: Fitnessstudio, »gesunde« Ernährung, Färben der Haare bis hin zu Piercings und Kauf von modischer, aber eher für die Jugend entworfener Kleidung. Wenn man ehrlich ist, leben diese Menschen in zwei Generationen gleichzeitig. Der 50-Jährige gibt sich wie 30 und der 70-Jährige wie 50. Jeder ist stolz darauf, für fünf, zehn oder sogar 20 Jahre jünger geschätzt zu werden.

Eine Bekannte sagte: »Neulich war ich im Supermarkt. Ich trug mein langes braun gefärbtes Haar offen. Von hinten pfiffen zwei junge Männer hinter mir her, was mir zunächst schmeichelte. Doch als ich mich zu ihnen umdrehte, sah ich in erschrockene Gesichter. Das werde ich so schnell nicht vergessen. An dem Tag beschloss ich, solche peinlichen Augenblicke nicht mehr aufkommen zulassen. Ich ging zum Frisör und ließ mein Haar abschneiden.«

Viele ältere Menschen verraten ihr wahres Alter nicht, weil sie nicht zum alten Eisen gerechnet werden wollen. Wer steht schon stolz zu seinem Alter?

Eine ganz »normale« Seniorin mit Namen Martha Hausner machte bei einem Projekt von zehn- bis elfjährigen Schülern mit, die Senioren fotografieren sollten. Sie steht selbstbewusst zu den von den Kindern geschossenen Bildern: »Das Alter wird ausgegrenzt«, sagt sie. »Daran kann sich nur etwas ändern, wenn wir uns real zeigen, wenn wir uns den anderen zumuten.«

Mögen Jung und Alt daran arbeiten, jedem Altersabschnitt seinen Reiz abzugewinnen und die Würde jedes einzelnen Menschen zu achten.

Wenn die Kräfte nachlassen

Sven erinnert sich gerne an seinen Großvater: Ich habe als Kind miterlebt, wie der bei uns lebende Opa immer mehr Hilfe brauchte. Als er nach Omas Tod zu uns ins Haus zog, spielte er oft mit uns Schach. Auch Skat haben wir Kinder von ihm gelernt. Anfangs konnten wir ihn auch noch überreden, mit uns Tischtennis zu spielen.

> Ich werde meinen Opa als dankbaren Menschen in Erinnerung behalten.

Er hatte einen Hund, Charles, mit dem er gerne spazieren ging. Irgendwann verließ er immer seltener seine kleine Einliegerwohnung. Wir Kinder führten Charles aus, und meine Mutter brachte ihm das Essen. Opa war in meiner Erinnerung immer freundlich. Er strahlte, wenn wir kamen und bedankte sich für jede Kleinigkeit. Später lag er fast nur noch im Bett. Ich habe ihn aber nie klagen hören.

Dann kam der letzte Abschied. Ich bin Opa sehr dankbar für sein Vorbild. Es hat sich tief in mich eingegraben. Ich möchte auch solch ein dankbares, zufriedenes Herz haben, sodass man sich in meiner Nähe gerne aufhält. Auch meine Eltern sind mir ein Vorbild, wie sie Opa selbstverständlich versorgt haben.

»Zwei Drittel der Pflegebedürftigen werden in der eigenen Familie gepflegt«, wird unsere Familienministerin Kristina Schröder[34] zitiert. »Das zeigt doch, dass Jung und Alt sehr wohl großes Verständnis füreinander haben und Verantwortung übernehmen.«

Von den derzeit 2,2 Millionen Pflegebedürftigen werden nach einer Statistik der Bundesregierung aus dem Jahre 2007 rund 710 000 in Heimen, rund 500 000 von ambulanten Pflegediensten zu Hause und eine weitere Million von Angehörigen zu Hause gepflegt. Das Durchschnittsalter der Senioren, die in eine Pflegeeinrichtung gehen, beträgt 84 Jahre. Dort verweilen sie im Durchschnitt zehn Monate.

Trotzdem darf man nicht die Augen davor verschließen, dass die Zahl der Pflegebedürftigen ständig weiter steigt und die Zahl der Pflegenden abnimmt. »Früher gab es auf Familienfotos ein Großelternpaar umgeben von einer Schar von Enkeln. Heute gibt es oft ein Enkelkind umgeben von einer Schar von Großeltern und Urgroßeltern«, stellt die Vorsitzende der Bundesarbeitsgemeinschaft der Senioren-Organisation, Frau Prof. Ursula Lehr fest. In dem Bericht[35] »Was tun, wenn die Kinder für die Pflege fehlen?« wird festgestellt: »Gründe für die abnehmende Pflege in der Familie seien die höhere Mobilität, sodass Kinder nicht mehr in der Nähe ihrer pflegebedürftigen Eltern wohnen, die zunehmende Berufstätigkeit von Frauen, sowie die steigende Scheidungsrate. Frau Prof. Ursula Lehr fragt: »Wer pflegt schon die Ex-Schwiegermutter?«

> Pflege ist in Deutschland überwiegend Privatsache.

Manche Eltern wollen ihren Kindern das Pflegen ersparen – wie Martha Hausner. Sie hatte einen Schlaganfall und sollte daraufhin zur Tochter ziehen. Aber sie wählte das Altenheim und wird in dem Artikel[36] »Hinter jeder Tür eine andere Geschichte« wie folgt zitiert: »Ich will sie (meine Tochter) nicht belasten. Ich habe beide Eltern gepflegt bis zum Sterben und war voll berufstätig. Ich habe es fast nicht geschafft.«

»Nein« sagen dürfen

Die ehemalige Gutachterin für den Medizinischen Dienst der Krankenversicherungen Niedersachsens, Margot Lucke, sagt über die Situation von Betreuern: »Ich habe bei Hausbesuchen selten eine entspannte Pflegesituation vorgefunden. Oft sind die Betreuer überfordert und ratlos. Sie haben Schuldgefühle, Schlafstörungen und vernachlässigen ihre sozialen Kontakte. Zudem sind sie häufig verzweifelt, wenn der Kranke mit Zorn und Aggression reagiert.«

Wenn die Beziehung in gegenseitiger Wertschätzung und Liebe gelebt wird, ist es einfacher, jemanden zu pflegen, als wenn man schnell gegenseitig verletzt.

Eine alleinstehende Frau erzählte mir: »Mein Patenonkel hatte keine Kinder. Da meine Eltern sehr arm waren und mein Vater auch noch arbeitslos wurde, als ich mit dem Studium anfangen wollte, bot mir mein Patenonkel an, mir monatlich mit einem bestimmten Betrag zu helfen, sodass ich neben dem Studium nicht arbeiten gehen müsste. Leider hatte er eine Frau, die mich nicht mochte. Vielleicht war sie eifersüchtig auf mich, weil ich so viel Geld bekam. Als dann Onkel und Tante pflegebedürftig wurden, erwarteten alle, dass ich die beiden aufnehmen würde. Platzmäßig hätte es sogar gepasst, aber schon bei dem Gedanken daran bekam ich Magenschmerzen. Ich konnte nachts nicht mehr schlafen, alle Gedanken kreisten nur noch um diese Anfrage. Hatte ich das Recht, Nein zu sagen, wenn mir mein Onkel doch damals in der Not so geholfen hat? Meine Schwester setzte mich unter Druck und sagte: ›Du hast keine andere Wahl. Du musst das tun.‹ Was wird aus meinem Beruf, meinen Freunden und meinen ehrenamtlichen Tätigkeiten? Kann ich überhaupt pflegen? Ich war Juristin und fühlte mich nur überfordert. Schließlich stand ich dazu, es emotional nicht zu können. Meine Schwester konnte meine ›Hartherzigkeit‹ – wie sie es nannte – nicht ertragen und nahm die beiden nach Rücksprache mit ihrem Mann auf. Sie blieben dort bis zu ihrem Tod. Mein schlechtes Gewissen blieb und doch weiß ich, dass es richtig war.«

Auf sich selbst aufpassen

Keiner wünscht sich, pflegebedürftig zu werden. Keiner will abhängig werden und keiner will seinen Kindern zur Last fallen. Und es ist auch schwer vorauszusagen, wie man sich dann im Fall der Fälle entscheiden wird.

Aber ich mache Ihnen Mut, ehrlich zu sein. Stehen Sie zu dem, was Sie leisten können und was nicht. Guter Wille allein reicht nicht. Und wenn Sie sich zur Pflege entscheiden, dann bauen Sie sich Freiräume ein: einen Nachmittag oder einen Tag in der Woche; ein Wochenende alle vier bis acht Wochen; einen Jahresurlaub, damit Sie nicht ausbrennen.

Pflege ist im Allgemeinen ein Marathonlauf, deshalb müssen Sie sich die Kräfte einteilen.

Man kann und darf sich Hilfe holen. Müssen Sie die gesamte Hausarbeit alleine machen oder könnten Sie Arbeiten abgeben? Man könnte Hemden oder die komplette Bügelwäsche zum Bügelservice geben, einen Fensterputzer engagieren oder jemand bitten, das Haus zu putzen. Andere holen sich Hilfe bei den Pflegediensten und bitten Krankenschwestern, das wöchentliche Baden oder das tägliche Waschen zu übernehmen.

Haben Sie Freunde und Verwandte, die gerne mithelfen würden? Wenn Sie mehrere Kinder sind, könnten Sie sich absprechen, wer die Pflege an einem Feiertag, in Ihrem Urlaub oder an einem Wochenende übernimmt.

Wenn Mutter oder Vater bei Ihnen untergebracht sind, heißt das nicht automatisch, dass Sie alles alleine machen müssen. Erklären Sie Ihren Eltern, dass Sie eine Auszeit brauchen. Nach drei Wochen Urlaub haben Sie wieder neue Kraft und Freude an der Arbeit.

> Die Länge der Zeit wird zur Last.

Jeder muss seine Grenzen erkennen und sich dann Hilfe holen. Es nutzt niemand etwas, wenn Sie nachher ein Burn-out bekommen oder nur noch ein Nervenbündel sind. Außerdem muss man seine Zeit und Kraft auch ausloten, wenn man eine eigene Familie hat.

Für viele ist es auch schwer, den langsamen Verfall der Eltern miterleben zu müssen. Sie können es kaum ertragen. Was wird nur aus der tatkräftigen Mutter, bei der man sich fallen lassen konnte und die einen so gerne verwöhnte? Wie kann es sein, dass der so stark wirkende Vater nicht mehr weiß, wer ich bin? Das tut weh und ist emotional kaum auszuhalten.

Aber das Alter und das Sterben gehören zum Leben dazu. Können Sie mit Mutter und Vater rechtzeitig über den Winter des Lebens sprechen? Wo sie leben, wie sie sterben und beerdigt werden wollen?

Mein Vater hatte einen Sterbeordner angelegt. Das hat uns bei seinem Tod viel Arbeit erspart und uns manche Unsicherheit genommen.

Auch ich habe schon einen Sterbeordner zusammengestellt.

Was habe ich in meinem Sterbeordner?

Das *Testament* handgeschrieben mit Datum und Ort und von meinem Mann und mir unterschrieben. Natürlich kann auch jeder ein eignes Testament verfassen.

- Eine *Vorsorgevollmacht* für den Fall, dass ich meine Entscheidungsfähigkeit verliere und meine Angehörigen für mich wichtige Weichen stellen müssen.
- Eine *Patientenverfügung*, in der ich darum bitte, dass in ausweglosen Situationen keine lebensverlängernden Maßnahmen vorgenommen werden.
- Eine *Generalvollmacht*, in der ich meinen Mann oder Tochter/Sohn als Bevollmächtigten einsetze, bei Tod oder Verlust der Geschäftsfähigkeit stellvertretend für mich die Geschäfte zu führen und Zugriff auf alle Konten zu haben.
- Eine Liste darüber, wer über meinen Tod im Freundes-, Bekannten-, Nachbarschafts- und Berufskreis informiert werden soll.
- Einen Vorschlag, mit welchen Liedern und welchem Bibeltext ich mir die Trauerfeier wünschen würde.
- Einen Hinweis, wie ich beerdigt werden möchte.
- Eine Liste über Banken und Versicherungen, die eine Todesnachricht erhalten müssen.
- Eine Liste über alle Abonnements und Versicherungen, die nach dem Tod gekündigt werden müssen.

Den Weg des Sterbens mitgehen

Sie ehren Ihre Eltern, wenn Sie den Weg des Sterbens mit Ihnen gehen, was aber nicht jede Person kann. Setzen Sie sich am besten rechtzeitig mit diesen Gedanken auseinander. Jeder Mensch muss eines Tages sterben. Dürfen Ihre Eltern davon reden oder wehren Sie solche Gespräche immer ab? Haben Sie Angst davor? Sind Sie unsicher oder hilflos? Es tut so gut, wenn man Sterben nicht als Misserfolg wertet, sondern als normalen Abschnitt im Leben eines Menschen. Wir haben manchmal eine falsche Einstellung vom Sterben, da unser Denken von der Ersatzgesellschaft geprägt ist, in der man alles ersetzen kann: vom kaputten Fingernagel bis zum Herzen.

Klammern Sie den Tod bewusst aus Ihrem Leben aus?

Maren berichtet mir von den letzten Tagen im Leben ihrer Mutter. Die 75-jährige Frau fühlte sich seit einiger Zeit nicht gut, hatte keinen Appetit und auch ein paar Kilos abgenommen. Nun kam noch ein furchtbarer Husten dazu. Maren besuchte sie und erschrak beim Anblick. Sofort brachte sie ihre Mutter zur Hausärztin, die sie ins Krankenhaus einwies. Bei der Untersuchung fielen vergrößerte Lymphknoten auf und man vermutete eine Krebserkrankung. In den nächsten Tagen stellte sich heraus, dass die alte Frau Bauchspeicheldrüsenkrebs hatte, der oft sehr schnell zum Tode führt. Als ihr die Ärzte die Diagnose mitteilten, atmete sie tief durch und meinte: »Ich habe es schon geahnt, dass das mein letzter Lebensabschnitt ist. Danke, dass Sie mir die Wahrheit sagen. Dann kann ich die verbleibende Zeit noch nutzen, meine Angelegenheiten zu ordnen.« Maren wurde gebeten, die anderen drei Kinder anzurufen. Ihre Mutter wollte sich verabschieden. Sie hielt noch ein letztes Mal Rückblick über ihr Leben, überlegte, mit wem sie noch etwas ins Reine bringen wollte, und besprach mit Maren, wie die Trauerfeier ablaufen sollte. Maren war jeden Tag bei ihr, auch als der Mutter das Atmen schwerer fiel und sie wegen der zunehmenden Schmerzen Morphium bekam. Dann kamen die letzten Stunden. Maren ist heute dankbar, dass sie beim letzten Atemzug dabei sein durfte.

> Sterben nicht als Misserfolg werten, sondern als normalen Abschnitt im Leben

Entscheiden Sie sich heute um Ihrer Angehörigen und um Ihrer selbst willen, den Sterbeprozess und den Tod Ihrer Eltern anzunehmen. Sagen Sie ihnen die Wahrheit, wie es um ihren Gesundheitszustand steht. Sonst nehmen Sie ihnen diese letzte Phase im Leben, in der es nochmals darum geht, das Gewesene zu ordnen, alte Rechnungen zu begleichen, Erbstücke zu verteilen und in Ruhe Abschied nehmen zu können.

Man blickt nochmals auf sein Leben zurück und so manch einem wird erst im Anblick des nahen Todes auch Versagen bewusst, das er noch gerne bereinigen möchte. Unterstützen Sie Ihre Eltern darin, so gut Sie es können.

Kernaussagen des 8. Kapitels:
Rollentausch – Was nun?

- Zwei Drittel aller Pflegebedürftigen werden zu Hause gepflegt. Die Pflegenden müssen aufpassen, nicht auszubrennen und rechtzeitig die Last auf mehrere Schultern zu verteilen. Wenn Jung und Alt zusammen sind, profitieren sie voneinander.

- Altern und Tod gehören zum Leben dazu. Man sollte selbst einen Sterbeordner anlegen, die Eltern dazu ermutigen, einen Sterbeordner zusammenzustellen und bereit sein, den Weg des Sterbens (soweit möglich) mitzugehen.

Stichworte: Würde, Lasten verteilen, Sterbeordner.

9. Kapitel: Warum sagt Gott: »Ehre Vater und Mutter«?

Gott ist es wichtig, dass Eltern und Schwiegereltern geehrt werden, und dass die erziehende Generation so lebt, dass es der nächsten Generation leichtfällt, sie zu ehren. In diesem Kapitel werden wir der Frage nachgehen, welche Aufgaben Gott Eltern und welche er Kindern zugedacht hat und wie das Gebot »Ehre Vater und Mutter« zu verstehen ist.

Der Gott der Bibel stellt sich uns als liebender Vater vor, der sich auch nach Ehre sehnt. Von daher behandeln die letzten Abschnitte dieses Kapitel die Frage: »Womit kann man Gott ehren?«

Wie können Eltern so leben, dass es Kindern leichtfällt sie zu ehren?

Eltern zu ehren fällt leicht, wenn man geliebt wird

Matthäus 22,39: Liebe deinen Nächsten wie dich selbst.
Titus 2,4: Diese älteren Frauen sollen die jüngeren Frauen anleiten, ihre Ehemänner und auch ihre Kinder zu lieben ...

Ist Kinder zu lieben nicht selbstverständlich? Ich dachte, dass man Elternliebe zur Geburt geschenkt bekommt. Aber Lieben muss man lernen. Lieben heißt, eigene Wünsche nach Schlaf, Unternehmungen und Spontaneität dem Kind zuliebe zurückzustellen und gleichzeitig freundlich und zufrieden zu sein. Mich hat die Titusstelle sehr berührt und auch getröstet, in der die älteren Frauen aufgefordert werden, die jungen anzuleiten, ihre Kinder zu lieben. Haben Sie bereits erfahrene Freunde, die Ihnen helfen können, den Zugang zum Herzen Ihrer Kinder immer wieder zu finden?

Eltern zu ehren fällt leicht, wenn man versorgt wird

2. Korinther 12,14b: Eltern ernähren ihre Kinder.

Eltern versorgen Kinder mit Essen, Trinken, genügend Schlaf und schützen sie vor Gefahren jeglicher Art.

Eltern zu ehren fällt leicht, wenn man erzogen wird

1. Timotheus 3,4 f: Es ist nötig, dass er (ein Ältester) ein guter Familienvorstand ist, und dass seine Kinder ihn achten und ihm gehorchen. Denn wenn ein Mann es nicht versteht, seiner Verantwortung im eigenen Haus gerecht zu werden, wie soll er dann für Gottes Gemeinde sorgen?

In vielen Situationen ist es lebensnotwendig, dass Kinder ihren Eltern gehorchen. Gehorsam sein zu können, setzt voraus, dass Regeln ausgesprochen, verstanden und umgesetzt werden. Das erfordert viel Disziplin von den Eltern, aufgestellte Regeln einzufordern und notfalls auch Strafen auszusprechen, wenn die Regeln übertreten wurden. Es ist eine Gratwanderung, Kinder zu eigenständigen Persönlichkeiten in Achtung vor den Autoritätspersonen zu erziehen.

Eltern zu ehren fällt leicht, wenn man gelehrt wird

5. Mose 6,6 f: Bewahrt die Gebote, die ich euch heute gebe in euren Herzen. Schärft sie euren Kindern ein. Sprecht über sie, wenn ihr zu Hause oder unterwegs seid, wenn ihr euch hinlegt oder wenn ihr aufsteht.
Sprüche 22,6: Lehre dein Kind, den richtigen Weg zu wählen, und wenn es älter ist, wird es auf diesem Weg bleiben.

Im Englischen steht hier übrigens »train your child« – also das Kind trainieren!

Trainieren ist harte Arbeit und bedeutet, etwas immer wieder zu erklären, geduldig zu sein, das Ziel nicht aus dem Auge zu verlieren.

Wir brauchen als Eltern viel Zeit gemeinsam mit den Kindern, wenn wir sie lehren wollen.

Psalm 71,17f: Gott, von frühester Kindheit an warst du mein Lehrer, und ich habe den anderen Menschen stets von deinen herrlichen Taten erzählt. Nun, da ich alt und grau bin, verlass mich nicht, oh Gott. Lass mich von deiner Macht auch der kommenden Generation erzählen und von deiner Kraft allen, die nach mir kommen.

Der Auftrag, Kindern und Kindeskindern von Gott zu erzählen, scheint nie aufzuhören. Wie gut, wenn man dazu ein brennendes Verlangen hat wie der Psalmist.

Eltern zu ehren fällt leicht, wenn man nicht zum Zorn gereizt wird

Für Väter und Mütter könnte man das Gebot »Ehre Vater und Mutter.« so umschreiben: »Lebe so, dass es einfach ist, dich zu ehren.« Deshalb finde ich es sehr schön zu lesen, dass sofort nach der Aufforderung für die Kinder, ihre Eltern zu ehren, die Väter ermahnt werden, ihre Kinder nicht zum Zorn zu reizen.

Epheser 6,4: Und ihr Väter seid nicht ungerecht gegen eure Kinder (Luther: Ihr Väter reizt eure Kinder nicht zum Zorn.) Erzieht sie vielmehr mit Disziplin und zeigt ihnen den richtigen Weg…
Kolosser 3,21: Ihr Väter, seid nicht ungerecht gegen eure Kinder, sonst verlieren sie den Mut!

Wie kann man ungerecht sein oder Kinder zum Zorn reizen?
Wenn Sie mehrere Kinder haben, werden Sie merken, dass es gar nicht so einfach ist, gerecht zu sein. In den Augen der Kinder ist es oft gerecht, wenn jedem das Gleiche erlaubt wird und jeder das Gleiche bekommt. Sie vergessen dabei, dass sie ja alle unterschiedlich alt sind. Wir Eltern sollten sie aber dem Alter und ihren Gaben entsprechend erziehen. Das kann für Kinder ungerecht aussehen. Kommunizieren

Sie Ihr Handeln von Zeit zu Zeit und erklären Sie Ihnen, dass jedes Kind eine individuelle Erziehung dem Charakter, den Umständen und der Gesundheit entsprechend braucht. Von Elternseite gehört auch viel Disziplin dazu, aufgestellte Regeln einzufordern und konsequent zu sein, sonst ist Streit wegen Ungerechtigkeit vorprogrammiert.

Zum Zorn reizt man Kinder zum Beispiel, wenn man heimlich in ihren Tagebüchern liest, ihre SMS durchschaut, sie vor den Freunden kritisiert und Geschichten über sie erzählt, die Scham auf sie legen. Dadurch entstehen oft tiefe Verletzungen.

Beide, Eltern und Kinder, werden ermahnt, ein gottgefälliges Leben zu führen und sich gegenseitig zu achten.

Es gibt einen Satz von Pearl S. Buck[37], der mir gut gefällt: »Kinder, die geliebt werden, werden Erwachsene, die lieben.« Ich glaube, dass man den Satz auch umschreiben kann: »Kinder, die als Persönlichkeiten geachtet werden, werden Erwachsene, die andere Menschen achten.« Denn in jedem von uns lebt noch das Kind, das wir einmal waren, mit all unseren Erfahrungen. Vieles, was ich heute tue, mache ich, weil man es mit mir auch machte. Ich habe zum Beispiel meinem Patensohn jedes Jahr einen Adventskalender gebastelt. Und was macht der inzwischen erwachsene Patensohn mit seinem ersten Patenkind? Er bastelt ihm einen Adventskalender, weil er das früher selbst immer so schön fand. Saat und Ernte finden in unserem Leben öfter statt, als wir denken. Unsere Kinder beobachten uns ganz genau. Es wird sie prägen, wie wir mit unseren Eltern umgehen.

> Kinder, die geachtet werden, werden Erwachsene, die achten.

Was bedeutet es, Eltern als Kind zu ehren?

Eltern fühlen sich geehrt, wenn Kinder zuhören und gehorchen

Sprüche 1,8-9: Mein Sohn höre auf die Zurechtweisung deines Vaters und lehne nicht ab, was deine Mutter dich lehrt. Was du von ihnen

lernst, ist wie eine schöne Krone für deinen Kopf und wie eine Kette für deinen Hals.
Sprüche 2,1: Mein Sohn, achte auf meine Worte und behalte meine Gebote im Gedächtnis.
Epheser 6,1: Ihr Kinder sollt euren Eltern gehorchen..

Die Kinder werden ermahnt, das von den Eltern anzunehmen, was sie sagen und raten. Lebensweisheit der älteren Generation wird ihnen auf dem Weg ins Leben helfen.

Eltern fühlen sich geehrt, wenn Kinder Weisheit erlernen

Sprüche 10,1: Ein weiser Sohn macht dem Vater Freude, aber ein unvernünftiger Sohn bereitet der Mutter Kummer.

Nie mehr im Leben lernt man so viel wie in der Jugend. Wer lernt, erlangt Weisheit und macht seinen Eltern Ehre und Freude.

Eltern fühlen sich geehrt, wenn Kinder dankbar sind

Jesus Sirach: 7,29-30[38]: Ehre deinen Vater von ganzem Herzen und vergiss nicht, welche Schmerzen deine Mutter um dich gelitten hat, und denke daran, dass du von deinen Eltern das Leben hast; womit kannst du ihnen denn vergelten, was du ihnen verdankst?
2. Mose 20,12: Ehre deinen Vater und deine Mutter. Dann wirst du lange in dem Land leben, das der Herr, dein Gott, dir geben wird.

Eltern ehren bedeutet, daran zu denken, was sie alles für die Kinder getan haben, damit sie groß werden konnten. Durch sie haben wir das Leben geschenkt bekommen und alles, was wir nötig hatten.

Was bedeutet es, Eltern als erwachsenes »Kind« zu ehren?

Die große Überschrift über die Aufgaben der erwachsenen Kinder lautet: Ehre Vater und Mutter. Wie man das leben kann und was es konkret bedeutet, werde ich im Folgenden erläutern.

> *Epheser 6,2-3: »Ihr sollt Vater und Mutter ehren.« Das ist das erste der Gebote, an das eine Zusage Gottes geknüpft ist: Wenn du deinen Vater und deine Mutter ehrst, »wird es dir gut gehen und du wirst ein langes Leben haben.«*

Ein im Judentum sehr bewanderter Freund erzählte mir, dass die Zehn Gebote, die Gott Mose auf zwei Steintafeln für das jüdische Volk auf dem Berg Sinai gab, so aufgeteilt seien, dass je fünf Gebote auf einer Tafel stünden. Die ersten fünf handelten von der Beziehung zwischen Gott und dem Menschen, die nächsten fünf von der Beziehung der Menschen untereinander. Die Reihenfolge der Gebote sei so angeordnet, dass das wichtigste Gebot zuerst stünde.[39]

Somit sei erstaunlich, dass das fünfte Gebot »*Ehre Vater und Mutter*« *(2. Mose 20,12)* noch auf der ersten Steintafel stehen würde. Unser Verhältnis zu den Eltern hätte sehr viel damit zu tun, wie unsere Beziehung zu Gott sei. Jemand, der Gott ehre, ehre meistens auch seine Eltern.

Die Eltern zu ehren bedeutet, für sie zu sorgen

Das Gebot, die Eltern zu ehren, wird von Jesus selbst im Neuen Testament aufgegriffen, als er die Wichtigkeit betont für die Eltern zu sorgen, wenn sie in Not seien.

> *Matthäus 15,3ff: Jesus erwiderte: »Und warum verstoßt ihr mit euren Überlieferungen gegen Gottes Gebote? Gott sagt zum Beispiel: ›Ehre Vater und Mutter‹ und ›Wer Vater oder Mutter verflucht, soll mit dem Tod bestraft werden.‹ Ihr sagt jedoch: ›Man muss seine Eltern nicht dadurch ehren, dass man für sie sorgt, wenn man stattdessen*

Gott das Geld gibt.‹ So setzt ihr durch eure Überlieferung das Gebot Gottes außer Kraft. Ihr Heuchler! Jesaja hat euch gemeint, als er sagte: ›Diese Menschen ehren mich mit ihren Worten, aber nicht mit ihrem Herzen. Ihre Anbetung ist nutzlos, denn sie ersetzen die Gebote Gottes durch ihre eigenen Lehren.‹«

Jesus macht deutlich, dass wir eine lebenslange Verpflichtung eingehen, uns um unsere Eltern zu kümmern. Auch an anderen Stellen werden Kinder und sogar Enkel aufgefordert, für ihre Mütter und Großmütter zu sorgen, wenn sie Witwen geworden sind und somit nicht mehr durch den Mann Unterhalt bekamen.

1. Timotheus 5,4: Wenn eine Witwe jedoch Kinder oder Enkel hat, haben vor allem diese die Pflicht nach den Geboten Gottes zu leben und ihren Eltern das Gute, das sie ihnen gegeben haben, zurückzugeben, indem sie für sie sorgen. Das ist etwas, über das sich Gott freut.

1. Timotheus 5,8: Diejenigen jedoch, die nicht für ihre eigenen Verwandten sorgen – besonders, wenn sie im selben Haushalt leben –, haben damit verleugnet, was wir glauben. Solche Leute sind schlimmer als Ungläubige.

Interessanterweise sieht das der Staat auch so. Von Rechtswegen müssen wir uns gegenseitig materiell unterstützen. Die Eltern müssen den erwachsenen Kindern ermöglichen, eine Berufsausbildung zu machen; die erwachsenen Kinder müssen für die Pflege der alten Eltern bis zu einem gewissen Grad finanziell aufkommen.

Die Eltern zu ehren bedeutet, ihnen Wertschätzung um der Person willen zu geben

Ich achte meine Eltern, weil sie im Ebenbild Gottes geschaffen sind. Jeder Mensch ist ein Abbild Gottes.

1. Mose 1,27: So schuf Gott die Menschen nach seinem Bild, nach dem Bild Gottes schuf er sie, als Mann und Frau.

Sehen Sie Ihre Eltern mit Gottes Augen als von ihm geliebte Menschen. Gott leidet, wenn die Menschen verkehrte Wege gehen, schuldig werden, ihre Kinder vernachlässigen, sie im Zorn oder aus Unfähigkeit schlagen, sie emotional, sexuell und körperlich missbrauchen oder ihre Familie verlassen und die Ehe brechen. Gott hasst die Sünde, aber er liebt den Menschen trotzdem; Gott sehnt sich nach Umkehr, Versöhnung und Wiedergutmachung.

Die Eltern zu ehren bedeutet, sie nicht zu richten, sondern ihnen zu vergeben

Verletzungen, die in Ihrem Leben durch die Alkoholsucht Ihres Vaters, den Perfektionismus der Mutter, das ADHS-Problem des Vaters oder die Schizophrenie der Mutter geschehen sind, können Sie nicht rückgängig machen. Sie können ein Leben lang die Umstände, die Eltern, das Schicksal oder Gott dafür verantwortlich machen, aber dadurch werden Sie nicht gesund und glücklich werden.

Entlassen Sie Ihre Eltern von der Anklagebank.

Sie brauchen eine Begegnung mit dem lebendigen Gott und die Kraft, Schuld anzusehen, darüber zu weinen und dann loszulassen. Sie müssen sich dem Geschehenen stellen. Viele bezeugen, wie Gott aus den Bruchstücken ihres Lebens Neues gemacht hat.

Vergeben ist ein wichtiger Schlüssel auf dem Weg der Heilung.

Römer 2,1: Aber du bist ja genauso wie sie und hast dafür keine Entschuldigung! Wenn du sagst, dass sie bestraft werden sollen, dann verurteilst du dich damit selbst, weil du genau dasselbe tust, wenn du über sie richtest.

So viele Kinder haben sich schon vorgenommen, garantiert nicht so zu werden wie die eigenen Eltern. Doch nach 30–40 Jahren stellen sie fest, dass sie sehr ähnliche Verhaltensmuster entwickelt haben.

Wie viele erwachsene Kinder verurteilen ihre Eltern, ohne deren Lebensgeschichte und Umstände, in denen sie groß wurden, zu kennen. Wie hätten Sie selbst sich wohl unter ähnlichen Lebensumständen, den wirtschaftlichen und gesellschaftlichen Einflüssen entwickelt? Wir sollten sehr vorsichtig damit sein, über unsere Eltern ein Urteil zu fällen.

Die Indianer haben ein Sprichwort: »Urteile nie über jemand, in dessen Mokassins du nicht wenigstens ein halbes Jahr gelaufen bist.«

Der Gott der Bibel ist ein Gott der Beziehung, der sich als dreieiniger Gott offenbart. Gott Vater, Jesus Christus und der Heilige Geist arbeiten Hand in Hand, achten sich gegenseitig, weisen immer aufeinander hin. Sie sind uns ein Vorbild. Gott möchte, dass wir versöhnt miteinander leben.

Maleachi 3,24: Er wird die Herzen der Väter ihren Kindern und die Herzen der Kinder ihren Vätern zuwenden, damit ich bei meinem Kommen nicht das Land vernichten muss.

Die Verheißung des 5. Gebotes lautet (Lutherübersetzung) »… auf dass du lange lebest.« Ich habe einmal eine vorsichtig gestellte Frage gehört: »Könnte es sein, dass Männer früher als Frauen sterben, weil sie ihre Eltern nicht so ehren?« In den vielen Jahren Seelsorge habe ich beobachtet, dass Frauen viel beziehungsorientierter sind als Männer. Sie leiden unter Streit und Beziehungsabbrüchen und versuchen, sich irgendwie auszusöhnen. Männer dagegen

> Heute ist der Tag, um zu vergeben und um Vergebung zu bitten.

brechen oft radikal Beziehungen ab, besonders auch die zu den Eltern und Kindern, und können damit scheinbar gut leben. Aber viele Männer sind auch Verdrängungskünstler und verarbeiten die missglückten Beziehungen meistens nicht.

Wenn Sie sich als Mann von diesen Worten angesprochen fühlen, bitte ich Sie inständig: »Lassen Sie sich mit Ihrer Herkunftsfamilie und somit Ihrer Vergangenheit versöhnen!«

Wenn wir uns nicht versöhnen, dann brauchen wir uns nicht zu wundern, wenn wir später Ähnliches mit unseren Kindern erleben. Denn Gott hat uns das geistliche Gesetz von Saat und Ernte gegeben. Wie schnell wird man vom Opfer zum Täter und wieder zum Opfer. Man klagt über wenig spielend verbrachte Zeit mit dem eigenen Vater, ist dann selbst als Vater auch meistens zu müde oder abwesend und beklagt später, dass die erwachsenen Kinder so selten zu Besuch kommen.

Galater 6,7: Täuscht euch nicht! Macht euch klar, dass ihr Gott nicht einfach missachten könnt, ohne die Folgen zu tragen. Denn was ein Mensch sät, wird er auch ernten.

Hosea 8,7: Sie haben Wind gesät, werden aber einen Sturm ernten.

Der Vollständigkeit halber möchte ich nicht unerwähnt lassen, dass in der Bibel auch viele Stellen davon sprechen, dass Jesus nicht nur Frieden in diese Welt bringt, sondern auch Trennung und Streit. Nach meinem Verständnis wird die Auseinandersetzung darum geführt, wer Jesus Christus als Herrn und Sohn Gottes anerkennt und wer nicht. Das Licht kann nichts mit der Finsternis zu tun haben. Wenn die Eltern oder Kinder sich also gegen ein Leben unter Gottes Führung entscheiden und dadurch ein Zerwürfnis stattfindet, dann muss der Gläubige Jesus mehr lieben als seine leibliche Verwandtschaft. Und doch gilt auch immer wieder der Satz:

Hebräer 12,14: Versucht, mit allen Menschen in Frieden zu leben...

Galater 5,22: Wenn dagegen der Heilige Geist unser Leben beherrscht, wird er ganz andere Frucht in uns wachsen lassen:... Frieden...

Darauf soll der Schwerpunkt dieses Buches liegen.

Die Eltern zu ehren bedeutet, ihnen Wertschätzung um ihrer Aufgabe willen zu geben

Ich achte meine Eltern, weil sie meine Eltern sind. Dies ist unabhängig davon, was sie getan haben und ob sie gute, mittelmäßige oder schlechte Eltern waren oder sind. Tief beeindruckt hat mich das Gebet eines 35-jährigen Mannes, der versuchte, seine Eltern zu ehren.

»Vater im Himmel, ich danke dir für den Mann, der mir das Leben schenkte und für den Mann der mich vom zweiten bis zehnten Lebensjahr als Pflegevater erzog, ebenso für den Mann, der mich mit zwölf Jahren adoptierte. Und ich danke dir, dass du mein Vater geworden bist, der allen meinen Mangel ausfüllt; ich danke dir für meinen Schwiegervater, der mir immer wieder seine Hilfe anbietet.«

Ich traute meinen Ohren nicht. Dieser Mann hatte gelernt, nicht auf den Mangel zu schauen, sondern auf das Gute, was er erhalten hatte und wenn es »nur« das Leben war.

Die Eltern zu ehren bedeutet, dankbar für sie zu sein, auch wenn sie alt werden

Die Bibel warnt uns vor Lieblosigkeit, Undank und Egoismus.

2. Timotheus 3,1-3: Außerdem sollst du wissen, Timotheus, dass in den letzten Tagen der Welt schwere Zeiten kommen werden. Denn die Menschen werden nur sich selbst und ihr Geld lieben. Sie werden stolz und eingebildet sein, Gott verachten und ihren Eltern ungehorsam und undankbar begegnen. Nichts wird ihnen heilig sein. Sie werden lieblos sein und zur Vergebung nicht bereit…

Viele ältere Menschen haben Angst vor dem Altwerden und was da auf sie zukommen wird. Werden sich die Kinder um sie kümmern? Oder stehen wir bereits kurz davor, dass die Generationen nicht mehr füreinander, sondern gegeneinander sind? Bricht der Generationenvertrag auseinander, weil es zu wenige Kinder im Vergleich für zu viele Alte gibt? Werden alle Mütter und Väter im Altenheim enden? Kann die junge Generation es sich heute noch leisten, die schwach gewordenen Eltern zu pflegen, wenn doch die meisten Frauen heute selbst einem Beruf nachgehen? Sind Sie persönlich bereit, eigene Finanzen zur Verfügung zu stellen, damit das Leben Ihrer Eltern und Schwiegereltern in der letzten Phase leichter wird?

Eine Frau sagte mir einmal: »Weißt du, man vergisst leicht, dass früher die 40-Jährigen die 60-Jährigen pflegten, während heute die 60-Jährigen die 80-Jährigen pflegen. Doch das ist ein Unterschied.« Sie selbst pflegte viele Jahre ihre blinde Mutter, bis diese über 90 Jahre alt war.

So leben, dass sich die Schwiegereltern geehrt fühlen

Tobias und Raguel

In den Apokryphen[40] (»apokryph« heißt verborgen, Luther sagte über die Apokryphen: »Das sind Bücher, so der Heiligen Schrift nicht gleich gehalten und doch nützlich und gut zu lesen sind.«) finden wir im Buch Tobit eine sehr spannende Geschichte über das Leben von Tobias. Mich berührte sein liebevoller Umgang mit seinen Eltern und besonders seinen Schwiegereltern. Er sorgte für seine alten Schwiegereltern und erwies ihnen die gebührende Ehre.

> *Tobit 14,12ff: Er (Tobias) wohnte in Ekbatana bei Raguel, seinem Schwiegervater. Er umgab das Alter seiner Schwiegereltern mit ehrfürchtiger Sorge, dann begrub es sie zu Ekbatana in Medien. Tobias erbte das Vermögen Raguels sowie das seines Vaters Tobit.[41]*

Rut und Noomi

Noomi zieht zusammen mit ihrem Mann Elimelech und den beiden Söhnen Machlon und Kiljon wegen einer Hungersnot ins Land der Moabiter. Dort heiraten beide Söhne. Als sowohl ihr Mann als auch ihre beiden Söhne sterben, will Noomi in ihre Heimat zurückkehren. Die Beziehung von Rut zu ihrer Schwiegermutter Noomi und der berühmte Ausspruch in Rut 1,16: *»Wo du hingehst, dort will ich auch hingehen, und wo du lebst, da möchte ich auch leben. Dein Volk ist mein Volk und dein Gott ist mein Gott.«* hat mich schon immer bewegt. Rut begleitet ihre Schwiegermutter nach Betlehem in Juda, nimmt ihre Ratschläge an und ist nicht zu stolz, für beide Ähren zu sammeln, sodass beide zu essen haben.

> *Rut 2,11-12: »Man hat mir genau erzählt, was du nach dem Tod deines Mannes alles für deine Schwiegermutter getan hast«, antwortete Boas, »und dass du deinen Vater und deine Mutter und deine Heimat verlassen hast, um zu einem Volk auszuwandern, das du*

vorher nicht gekannt hast. Der Herr, der Gott Israels, unter dessen Flügeln du Zuflucht gesucht hast, soll dir das vergelten und dich reich dafür belohnen.«

Petrus und seine Schwiegermutter

Petrus lebte offensichtlich mit seiner Schwiegermutter in einem Haus und seine Familie sorgte auch für sie, als sie krank war. Sie haben sie nicht abgeschoben. Als Jesus zu Besuch kam, erfuhr er von ihrer Krankheit und heilte sie.

Matthäus 8,14-15: Als Jesus in das Haus von Petrus kam, lag dessen Schwiegermutter mit hohem Fieber im Bett. Doch als Jesus ihre Hand nahm, verschwand das Fieber. Da stand sie auf und machte ihm etwas zu essen.

Mose und Jitro

Eine Schwiegervater–Schwiegersohn-Beziehung finden wir bei Mose und Jitro. Zunächst hütet Mose die Schafe seines Schwiegervaters:

2. Mose 3,1: Mose hütete die Herde seines Schwiegervaters Jitro, des Priesters von Midian.

Dann zieht Mose fort, um Israel aus Ägypten zu befreien. Als Jitro hört, dass Mose in Rifidim lagert, nimmt er Moses Frau Zippora und seine beiden Söhne Gershom und Elieser und geht zu ihm. Als Mose hört, dass sein Schwiegervater gekommen ist, geht er ihm entgegen.

2. Mose 18,7ff: Da ging Mose seinem Schwiegervater entgegen. Er verneigte sich vor ihm und küsste ihn. Nachdem sie sich begrüßt hatten, begaben sie sich in das Zelt von Mose. Mose erzählte seinem Schwiegervater alles, was der Herr dem Pharao und den Ägyptern angetan hatte, um Israel zu befreien. Er berichtete ihm auch von den schwierigen Situationen, die sie unterwegs durchgemacht hatten und wie der Herr ihnen immer wieder geholfen hatte. Jitro freute sich …

Was für ein inniges Verhältnis besteht zwischen Jitro und Mose. Sie können über Gutes und Schlechtes miteinander reden. Sie können sich freuen und tiefe Gemeinschaft haben. Und Mose nimmt auch Ratschläge seines Schwiegervaters an.

2. Mose 18,14ff: Als Moses Schwiegervater sah, wie viel Mose für das Volk zu tun hatte, sagte er: »Warum tust du so viel für das Volk?... Das, was du da tust, ist nicht gut... Nimm einen Rat von mir an... Mose beherzigte den Rat seines Schwiegervaters...

Welche Demut und welche Weisheit, Rat von Älteren anzunehmen, sich nicht darüber zu ärgern, sondern den Rat umzusetzen.

Ich hatte auch einen Schwiegervater, der den Mut hatte, viele Dinge anzusprechen, die er in unserer Kindererziehung nicht gut fand. Ich hörte sehr genau zu, was ihm auffiel, auch wenn es immer wehtat und auch nicht alles gerechtfertigt war.

Wie gut, wenn Korrektur in liebevolle Beziehung eingebunden ist.

Mögen wir den Schatz, den Gott uns in Schwiegereltern geben will, erkennen. Mögen wir sie ehren und ihnen Gelegenheit geben, eine Beziehung zu uns aufzubauen.

Wie fühlt sich Gott als Vater geehrt?

Es beeindruckt und begeistert mich, dass Gott sich uns als Vater offenbart. Als ein Vater, der seine Kinder liebt und der auch wie ein leiblicher Vater mit Respekt und Ehre behandelt werden will.

Maleachi 1,6: Ich bin euer Vater und ich bin euer Herr, doch wo ist eure Achtung?
1. Samuel 2,30:... ich werde nur ehren, die mich ehren...

Wie kann man Gott denn ehren?

Gott ehren bedeutet, Zeit mit ihm zu verbringen

Gott hat große Sehnsucht, Zeit mit uns zu verbringen. »Welches ist das höchste Gebot im Gesetz?«, wird Jesus gefragt und er antwortet:

Matthäus 22,37-39: ›Du sollst den Herrn, deinen Gott, lieben von ganzem Herzen, mit ganzer Seele und mit all deinen Gedanken!‹ Dies ist das erste und wichtigste Gebot. Ein weiteres ist genauso wichtig: ›Liebe deinen Nächsten wie dich selbst.‹

Durch das Alte und Neue Testament zieht es sich wie ein roter Faden, dass Gott sich nach einer tiefen Liebesbeziehung zu den Menschen sehnt. Schon im Paradies spüren wir, wie sehr Gott sein Geschöpf – den Menschen – liebt, achtet und wie gerne er mit ihm Zeit verbringt. Jeden Abend trifft er sich mit Adam und Eva im Garten Eden, um mit ihnen eine qualitativ gute Zeit zu haben.

Aber auch nach dem Sündenfall sucht Gott nach Menschen, die mit ihm Zeit verbringen.

Von Mose lesen wir, dass er von Gott auf den Berg Sinai gerufen wurde und dort 40 Tage und Nächte lang blieb.

2. Mose 24,12: Steig zu mir auf den Berg und bleib eine Weile hier.
2. Mose 24,18: 40 Tage und 40 Nächte blieb er auf dem Berg.

Gott fordert den Menschen aber auch auf, selbst nach ihm zu suchen und er verspricht, sich finden zu lassen.

Matthäus 7,7: Bittet und ihr werdet erhalten. Sucht, und ihr werdet finden. Klopft an, und die Tür wird euch geöffnet werden.

Gott ehren bedeutet, Gottes Stimme kennenzulernen

Vielleicht fragt sich der eine oder andere: »Wie kann man Gott denn heute finden?« Oder Sie sagen vielleicht: »Ich habe noch nie gehört, dass Gott zu mir spricht.«

Kennen Sie das: Zeit alleine mit Gott? Sich bewusst fünf, zehn oder dreißig Minuten Zeit nehmen? Beten ist Gespräch mit Gott, nicht nur selbst reden und um Hilfe bitten, sondern auch zuhören, was Gott zu sagen hat.

Meine ersten zaghaften Versuche in diese Richtung waren: »Gott, wenn es dich wirklich gibt, dann lass mich dich erleben. Ich habe so oft das Gefühl, dass meine Gebete nur bis zur Decke steigen. Ich möchte dich kennenlernen.« Gott lässt sich finden und andere Menschen haben mir dabei geholfen.

Mir persönlich fällt das Hören auf Gott schwer. Ich will lieber für ihn etwas tun und so gleicht meine Zeit, die ich mit ihm verbringe, eher einer Dienstbesprechung als einem Rendezvous. Aber ich will es lernen, mich einfach hinzusetzen und zu beten: »Herr, was hast du mir zu sagen? Hilf mir, dass ich deine Stimme immer besser von den anderen Stimmen unterscheiden lerne.«

Gottes Reden durch die Bibel

Ich erlebe Gottes Reden zum überwiegenden Teil, indem ich in der Bibel lese.

Wenn ich im *Psalm 105,1* lese: »*Dankt dem Herrn*«, dann frage ich mich: »Bin ich dankbar?« Wann danke ich Gott für mein Leben, für gute Gespräche, dafür, dass ich genug zu essen habe, für den schönen Schnee, die Sonne, meine Kinder, meinen Mann, eine Arbeitsstelle? Wir haben so viel Grund zum Danken.

Lesen Sie in den Sprüchen, im Epheser- oder Galaterbrief und Sie werden staunen, wie praxisrelevant die Aussagen der Bibel sind und wie oft Sie sich in dem Geschriebenen wiederfinden. Gehorsam ehrt jeden Vater und jede Mutter. So fühlt sich auch Gott Vater geachtet, wenn wir sein Wort immer besser kennenlernen und nicht nur lesen, sondern auch anwenden. Ich lese gerne nur einen Vers in der Bibel, denke immer wieder darüber nach und wende ihn im Alltag an, bis er ein Teil von mir geworden ist.

Gottes Reden durch andere Menschen

Manchmal redet Gott auch durch andere Menschen zu uns: durch den Ehepartner, durch Nachbarn, Freunde, Eltern oder durch Kinder, durch eine Predigt oder auch durch Ärzte oder andere Personen, denen wir begegnen. Nachfolgend zwei Beispiele.

Kinder – eine Gabe des Herrn

Annette war bei ihrem Gynäkologen, als er sie fragte: »Frau Wagner, wie soll es mit der Familienplanung weitergehen?« »Mit 40 sollte das Kinderkriegen abgeschlossen sein«, stellte Annette fest. Daraufhin antwortete er: »Da wären Sie aber sehr traurig gewesen, wenn meine Mutter das auch gesagt hätte. Sie war 47 Jahre alt, als ich geboren wurde und ich habe sehr viel von ihr gehabt. Sie starb mit 87 Jahren. Oder wären Sie nicht traurig, wenn ich nicht auf der Welt wäre? Außerdem wissen Sie doch bestimmt noch besser als ich, dass Kinder eine Gabe des Herrn sind.« Ganz beschämt ging sie nach Hause und fragte sich, ob Gott nicht durch diesen Arzt geredet hatte.

Gott hat dich lieb

Eine junge Frau ging zum Gottesdienstleiter und sagte: »Ich glaube, dass ich von vorne sagen soll: ›Gott hat dich lieb.‹« »Na, ja«, dachte sich der Gottesdienstleiter, »viel falsch machen kann man damit nicht.« So ging sie nach vorne und sagte ihren ersten Eindruck: »Ich soll dir nur sagen: Gott hat dich lieb.« Dann setzte sie sich wieder hin. Was sie nicht wissen konnte, ist, dass in der letzten Reihe ein Mann im Alter von 50 Jahren saß, der sich an diesem Tag das Leben nehmen wollte. Dann sah er die Kirche und sagte: »Gott, ich gebe dir noch eine Chance, mir zu zeigen, dass es dich gibt. Ich gehe jetzt in dieses, in dein Haus und bitte dich, dass du mir sagst, dass du mich liebst.«

Gottes Reden in Gedanken

Gott redet sehr oft in unsere Gedanken.

Eine Frau erzählte mir: »Mein Mann und ich waren nachts unterwegs, als ich auf einmal empfand: ›Sag deinem Mann, dass er vom Gas gehen möge.‹ Ich reagierte sofort. Mein Mann bremste, wir fuhren in die Kurve – und sahen in letzter Minute eine ungesicherte Unfallstelle, in die wir wahrscheinlich ungebremst hineingefahren wären. Mir blieb nur: ›Danke, Vater im Himmel!‹ zu sagen.

Gottes Reden in Träumen

Joel 3,1: Eure alten Männer werden prophetische Träume... haben. Apostelgeschichte 2,17: In den letzten Tagen, spricht Gott, werde ich meinen Geist über alle Menschen ausgießen. Eure Söhne und Töchter werden weissagen, eure jungen Männer werden Visionen haben und eure alten Männer prophetische Träume.

Alle Altersstufen werden hier angesprochen. Keiner kann sagen: »Ich bin zu jung.« Oder »Ich bin zu alt.« Gott will zu jedem reden, aber wir müssen lernen zu unterscheiden, was von Gott ist und was die eigenen Wünsche und Träume sind.

Ich träume nachts, dass mein ältester Sohn in Gefahr sei. Schweißgebadet wache ich auf und fange sofort an für ihn um Bewahrung zu beten. Er ist zu dem Zeitpunkt als Austauschschüler in den USA. Telefonisch bekomme ich keinen Kontakt, über E-Mail meldet er sich nicht. Erst Stunden später erfahren wir, was zum Zeitpunkt meines Gebetes geschah. Er war auf einer vierspurigen Autobahn mit drei anderen jungen Leuten unterwegs, als ein Reifen bei 120 Stundenkilometer platzte und sie das Auto nur mit großer Mühe zum Stehen brachten. Als er ausstieg, war ihm sofort klar: »Das hätte tödlich enden können. Das war knapp.«

Mein Mann erzählte einem unserer Söhne, dass man Gott um seine Träume bitten könnte. Einige Zeit später kam mein Sohn zu mir in die Küche und sagte, dass er letzte Nacht einen merkwürdigen Traum gehabt hätte. Er fragte mich, ob ich dächte, dass der Traum wirklich von Gott sei:

In dem Traum ging er auf einem Weg, als ihm eine 30 Meter lange Schlange entgegenkam. Sofort sagte er zur Schlange: »In Jesu Namen, stirb!« Daraufhin war die Schlange sofort tot.

Dann ging er weiter auf dem gleichen Weg. Danach kam eine drei Meter lange Schlange auf ihn zu. Wieder sagte er zur Schlange: »In Jesu Namen, stirb!« Und wieder war die Schlange sofort tot.

Wieder war er auf dem Weg und ging weiter. Dann kam eine drei Zentimeter lange Schlange auf ihn zu. Er sah die kleine Schlange und sagte bei sich: »Das schaffe ich alleine.« Doch die Schlange biss zu und er fiel tot zu Boden.

Auf einmal waren auch andere Menschen auf dem Weg. Sie sahen den toten Jungen und die kleine Schlange bei ihm. Einer sagte dann zur drei Zentimeter langen Schlange: »In Jesu Namen, stirb!«, und die Schlange war tot. Dann sagte jemand zu ihm: »Im Namen Jesu, steh auf!« Mein Sohn stand auf und war vollständig gesund.

Ich bin sicher, dass Gott auf einfache Weise durch diesen Traum etwas deutlich macht:

Bei großen Ereignissen wie Krankheiten, Unfällen, Ehenöten und Sorgen mit den Kindern wissen wir, dass wir selbst nicht viel tun können und dass Gott übernatürlich eingreifen muss. Aber zu Fall bringen uns die kleinen Herausforderungen im Alltag, bei denen wir denken, dass wir das ohne Gottes Hilfe schaffen könnten.

Gott ehren bedeutet, sich von ihm erziehen zu lassen

Als junger Christ las ich den Bibelvers:

> *5. Mose 8,5: Daran solltet ihr erkennen, dass der Herr, euer Gott, euch erzieht, so wie Eltern ihr Kind erziehen.*

Irgendwie sprach mich das an und ich fragte Menschen, die schon länger die Bibel zu ihrem Maßstab gemacht hatten: »Erzähle mir Geschichten aus deinem Leben, woran du erkannt hast, dass Gott dich erzogen hat.« Leider zuckten die meisten Menschen nur mit den Schultern. Ich schien seltsame Fragen zu stellen.

**Wie erzieht Gott mich?
Wie erzieht Gott Sie?**

Hatten die Menschen nicht mitbekommen, dass Gott sie erzog, weil er es so sanft macht? Oder hatten sie sich nur keine Gedanken darüber gemacht?

Was würden Sie erzählen können? Ich sammele noch und würde mich freuen, wenn Sie mir mailen oder einen Brief[42] schreiben, woran man Gottes Erziehung merkt. Gott liebt Gehorsam, wie wir an den folgenden Bibelstellen sehen können:

Jeremia 7,23: Gehorcht mir, dann werde ich euer Gott sein und ihr werdet mein Volk sein.

Apostelgeschichte 5,29: Doch Petrus und die Apostel entgegneten: »Man muss Gott mehr gehorchen als den Menschen.«

Johannes 14,23: Jesus erwiderte: »Wer mich liebt, wird tun, was ich sage. Mein Vater wird ihn lieben, und wir werden zu ihm kommen und bei ihm wohnen.«

Entdecken Sie Gottes Erziehung, seine Charakterschule in Ihrem Leben und beurteilen Sie Erfahrungen, Lebensumstände und Lebenswege neu. Erziehung ist notwendig und wertvoll.

Gott ehren bedeutet, Gottes Hilfe annehmen und ihm helfen

Hilfe annehmen

Gott sagt immer wieder seine Hilfe zu und eigentlich ist die ganze Bibel voll von Geschichten, in denen Gott auf übernatürliche Weise geholfen hat.

In Psalm 50,15 steht: »Vertraue auf mich, wenn du in Not bist, so will ich dich erretten.« Oder in Psalm 3,9: »Ja, der Herr hilft uns.«

Wir lesen, wie Mose Israel aus der Gefangenschaft der Ägypter befreit (2. Mose 7,1ff), wie Gideon über die Midianiter siegt (Richter 6,11ff) oder wie Gott Paulus und Silas durch ein Erdbeben aus dem Gefängnis befreit (Apostelgeschichte 16,26). Immer ist den Menschen bewusst, dass Gott auf übernatürliche Weise eingegriffen hat.

Die Liste ließe sich unendlich fortsetzen, wie Gott Menschen, die ihm vertrauten, immer wieder geholfen hat und es ehrt ihn, wenn Hilfe erbeten und angenommen wird. Rechnen Sie mit Gottes konkretem Eingreifen in Ihrem Leben?

Persönlich bitte ich Gott immer wieder um Hilfe: »Gott, schenke mir bitte Geduld oder Weisheit für meine Kinder.« Wenn ein Kind krank ist, bitte ich um Heilung. Oft schon habe ich seine Hilfe erfahren.

Ich war 18 Jahre lang immer wieder schwer herzkrank. Eines Morgens fragte ich Gott, weil ich wieder keine Kraft hatte, die tägliche Arbeit zu schaffen, ob er nicht helfen könnte. Kurze Zeit später rief eine Frau aus der Gemeinde an und fragte: »Heute Morgen im Gebet hatte ich den Gedanken, dass ich dir meine Hilfe anbieten soll. Geht es dir wieder nicht gut?« Sie kam daraufhin ein halbes Jahr lang jeden Dienstag, um für uns zu kochen.

Helfen

Umgekehrt ehrt es Gott auch, wenn wir ihm unsere Hilfe anbieten. Es gibt viel zu tun in seinem Reich. Dort gibt es keine Arbeitslosen. Jeder findet etwas: Besuchsdienste bei Kranken und Menschen im Gefängnis, Sauberkeitsdienste beim Putzen der Gemeinderäume und der Toiletten oder Dienste der Gastfreundschaft. Man kann kochen, backen, Feste vorbereiten, in Hauskreisen mitarbeiten, Fahrdienste übernehmen, Familien unter die Arme greifen, Witwen, Singles, Alleinerziehende und Waisen helfen. Als meine Mutter nicht mehr als Ärztin arbeitete, bat sie Gott um eine neue Aufgabe. Eines Tages sagte sie mir: »Ich habe eine große Freude, Witwen zu besuchen und sie in ihrer Einsamkeit zu trösten oder sie auch schon mal zu uns nach Hause einzuladen.« Sie hat diese Aufgabe treu bis zu ihrem Tod gemacht.

Matthäus 25,34ff: »Kommt, ihr seid von meinem Vater gesegnet, ihr sollt das Reich Gottes erben, das seit der Erschaffung der Welt auf euch wartet. Denn ich war hungrig und ihr habt mir zu essen gegeben. Ich war durstig und ihr gabt mir zu trinken. Ich war ein Fremder, und ihr habt mich in euer Haus eingeladen. Ich war nackt, und ihr habt mich gekleidet. Ich war krank, und ihr habt mich gepflegt. Ich war im Gefängnis und ihr habt mich besucht.« Dann werden diese Gerechten fragen: »Herr, wann haben wir dich jemals hungrig gesehen und dir zu essen gegeben? Wann sahen wir dich durstig und haben dir zu trinken gegeben? Wann warst du ein Fremder und wir haben dir Gastfreundschaft erwiesen? Oder wann warst du nackt und wir haben dich gekleidet? Wann haben wir dich je krank oder im Gefängnis gesehen und haben dich besucht?« Und der König wird ihnen entgegnen: »Ich versichere euch: Was ihr für einen meiner Brüder und Schwestern getan habt, das habt ihr für mich getan.«

Gott ehren bedeutet, Gottes Trost annehmen und trösten

Gott will mich von allen Seiten umgeben, mich behüten und mich trösten.

> *Jesaja 66,13: Ich selbst werde euch trösten, wie eine Mutter ihr Kind tröstet.*
> *Psalm 17,8: Behüte mich wie einen Augapfel und gib mir Zuflucht unter dem Schatten deiner Flügel.*
> *Psalm 139,5: Du bist vor mir und hinter mir und legst deine schützende Hand auf mich.*

Als ich meine erste Fehlgeburt hatte, konnte mein Mann nicht kommen. Ich musste ohne ihn ganz alleine die Nachricht hören, die Vorbereitung zur Operation durchlaufen und nach der Narkose ohne ihn an meiner Seite aufwachen.

Aber Gott schickte mir Menschen zum Trost: eine Frau wollte mich besuchen und kam auf mich zu, als ich es gerade erfahren habe. Ihre Worte: »Wir müssen jetzt einfach daran festhalten, dass Gott keine Fehler macht«, höre ich noch heute. Und gerade aus der Narkose aufgewacht, blicke ich in die Augen meiner Freundin aus einer benachbarten Stadt. Sie hatte das Gefühl, dass ich sie brauchen würde und war einfach zu mir gefahren. Ich habe sofort gedacht: »Gott hat sie geschickt.« Für mich sah ich darin Gottes Zärtlichkeit.

Gott hat keine anderen Arme, als unsere Arme, um zu trösten und um zu umarmen.

Lassen Sie uns sensibel dafür sein, dass Gott uns schicken kann. In meinem Leben habe ich die Erfahrung gemacht, dass ich mit dem Trost am besten trösten kann, den ich selbst von Gott erfahren habe.

Gott ehren bedeutet, Gottes Ermutigung annehmen und ihn loben

Ermutigung annehmen

Wenn ich Gottes Zusagen mehr glaube, als meinem Unvermögen, ehre ich ihn. Gideon wurde von Gott *Der Herr ist mit dir, tapferer Held*

(Richter 6,12) genannt, obwohl er sich versteckte und alles andere als tapfer war. Aber er fing an, Gott zu glauben, auch wenn er noch einige zusätzliche Beweise von Gott erbat. Die Geschichte mit Gideon mag uns trösten, dass Glauben ein Wachstumsprozess ist.

Ich musste erst lernen, Ehre, Lob und Anerkennung anzunehmen.

Die Kindergartenleiterin sagte einmal zu mir, als ich mut- und kraftlos war, weil unser letztes Au-pair-Mädchen gerade abgereist war und sich die Ankunft des neuen verzögerte: »Frau Horn, Sie sind eine Frau der Hoffnung.« Das war eine große Ermutigung für mich, an Gott festzuhalten, und eine schöne Beschreibung für eine gläubige Frau.

1. Samuel 2,30: ... ich werde nur ehren, die mich ehren ...

Gott loben

Gott loben kann ich im Gebet und Gesang, aber auch dadurch, dass ich anderen Menschen davon erzähle, was ich mit ihm erlebt habe.

Gott ehren bedeutet, Geschenke wertschätzen und ihn beschenken

Geschenke wertschätzen

Die Welt ist ein Geschenk an uns Menschen. Jeder Mensch sollte sich selbst als Geschenk an andere verstehen und die Mitmenschen als solche sehen. Ihr Partner, Ihre Eltern, Kinder, Lehrer, Nachbarn, Schwiegereltern und Schwiegerkinder sind alles Geschenke an Sie.

Die Antwort Salomos auf Gottes Frage, was er ihm schenken soll, beeindruckt mich immer wieder neu. Salomo bittet um ein gehorsames Herz, damit er Gottes Volk richten könne und verstehe, was gut und böse ist. Im Weiteren lesen wir, dass Gott ihm Weisheit gibt und dazu noch Reichtum und Ehre (1. Könige 3,5ff).

Es ehrt Gott, wenn wir seine Schöpfung und seine Geschöpfe als Geschenke an uns achten und gut damit umgehen. Loben wir Gott für einen Sonnenaufgang, die Früchte auf dem Feld, die Jahreszeiten, das Wunder der Zeugung eines Kindes, das Weltall? Oder nehmen wir alles für selbstverständlich und sagen wir sogar: »Es gibt keinen Gott!«?

Gottes größtes Geschenk an uns ist Jesus Christus. Durch Jesus Christus ist der Weg zum Vater frei geworden. Wir haben hier auf Erden schon Sündenvergebung. Ich empfinde es als total befreiend, dass ich immer wieder zu Jesus kommen kann, auch manchmal mehrmals täglich sagen darf: »Bitte vergib mir meine Aggression, meine Eifersucht, meine schlechte Laune und hilf mir von Neuem anzufangen. Danke, dass ich durch dich auch die Kraft bekomme zu vergeben.«

Ich möchte ohne diese Vergebung nicht mehr leben.

Gott beschenken

Und wie beschenken Sie Gott? Sind Sie großzügig, wenn Spenden gesammelt werden, Menschen in Not sind und Hilfe brauchen? Geben Sie Menschen, die es nicht so gut haben wie Sie, eine Chance?

Ich habe mit mehreren Geschäftsinhabern gesprochen, die Menschen ohne Schulausbildung eine Chance in ihrem Betrieb gaben und erlebten, wie die jungen Menschen durch Gespräche, Annahme und Beziehungsaufbau, den Hauptschulabschluss nachmachten und eine Lehre abschlossen. Das Strahlen in den Augen der Männer, die auch von Vatergefühlen sprachen, hat mich tief beeindruckt.

Das sind auch Geschenke, die wir Gott machen, wenn wir uns anderer annehmen, die Not des Nächsten sehen und handeln. Geschenke müssen nicht immer Geld kosten, es kann auch Zeit, Zuwendung, liebevolle Worte oder eine Umarmung sein.

Gott ehren bedeutet, ihn anzubeten

Gibt es einen Unterschied zwischen Loben und Anbeten?

Gelobt wird eine Person eher für das, was sie *tut* und angebetet für das, was sie *ist*. Gott anzubeten bedeutet, ihn als Herrn, als Schöpfer, als Allmächtigen anzuerkennen. Man beugt sich vor ihm, schaut ihn an, ohne an sich und seine Nöte zu denken. Fürbitte verstummt in der Anbetung, weil es nicht mehr um mich oder andere Menschen geht, sondern nur noch um ihn.

Stille werden vor ihm, sich auf ihn ausrichten, will gelernt und erfahren werden. Anfangs kann man sich nicht vorstellen, 15 Minuten anzubeten, aber wenn man es regelmäßig praktiziert, verfliegen auf einmal die Minuten und Stunden. In seiner Gegenwart werden Menschen verändert.

Kernaussagen zum 9. Kapitel: Warum sagt Gott: »Ehre Vater und Mutter«?

- So leben, dass es Kindern leichtfällt, die Eltern zu ehren.
- »Ehre Vater und Mutter« ist ein Gebot für Kinder und Erwachsene und gilt auch für Schwiegereltern.
- Gott möchte, dass Generationen versöhnt miteinander leben.
- Gott ist auch unser Vater und sehnt sich nach unserer Ehre.

Stichworte: Ehre, gegenseitige fürsorgliche Beziehung, Gottes Ehre.

Nachwort

Die drei Söhne[43]

Drei Frauen wollten am Brunnen Wasser holen. Nicht weit davon saß ein alter Mann auf einer Bank und hörte zu, wie die Frauen ihre Söhne lobten.

»Mein Sohn«, sagte die Erste, »ist so geschickt, dass er alle anderen hinter sich lässt …« »Mein Sohn«, sagte die Zweite, »singt so schön wie eine Nachtigall! Es gibt keinen, der eine so schöne Stimme hat wie er …«

»Und warum lobst du deinen Sohn nicht?«, fragten sie die Dritte, als diese schwieg. »Er hat nichts, was ich loben könnte«, entgegnete sie. »Mein Sohn ist nur ein gewöhnlicher Knabe, er hat nichts Besonderes an sich und in sich …«

Die Frauen füllten ihre Eimer und gingen heim. Der alte Mann aber ging langsam hinter ihnen her. Die Eimer waren schwer und die abgearbeiteten Hände schwach. Deshalb legten die Frauen eine Ruhepause ein, denn der Rücken tat ihnen weh. Da kamen ihnen drei Jungen entgegen.

Der Erste stellte sich auf die Hände und schlug Rad um Rad. Die Frauen riefen: »Welch ein geschickter Junge!«

Der Zweite sang so herrlich wie eine Nachtigall und die Frauen lauschten andachtsvoll mit Tränen in den Augen.

Der dritte Junge lief zu seiner Mutter, hob die Eimer auf und trug sie heim.

Da fragten die Frauen den alten Mann: »Was sagst du zu unseren Söhnen?« »Wo sind eure Söhne?«, fragte der alte Mann verwundert. »Ich sehe nur einen einzigen Sohn!«

Leo. N. Tolstoi

Wo finden Sie sich in der Geschichte wieder?

Egal, ob Sie auf der Seite der Mütter oder Söhne stehen – vielleicht hat Leo Tolstoi in Ihnen gerade etwas zum Klingen gebracht, wahrscheinlich eine tiefe Sehnsucht nach echter Beziehung. Ich wünsche Ihnen Gelingen bei der Gestaltung Ihrer Beziehungen zwischen den Generationen und hoffe, dass die Gedanken in diesem Buch dazu beitragen konnten.

Lassen Sie uns darauf achten, dass wir unsere Eltern ehren:

- die leiblichen,
- die Stiefeltern,
- die Pflege- und Adoptiveltern,
- die Schwiegereltern,
- die geistlichen Eltern und
- Gott, unseren Vater im Himmel.

Lassen Sie uns so leben, dass es unseren Kindern und Schwiegerkindern leichtfällt, uns zu ehren.

In diesem Sinne wünsche ich Ihnen Gemeinschaft, Interesse und Anteilnahme im Zusammenleben mit den Menschen, die Ihnen am nächsten sind.

Ihre Ute Horn

Anmerkungen

1 http://kalender-365.de/sms-sprueche/eltern.php, 1.3.2011,10.05 Uhr.
2 www.sueddeutsche.de/.../van-gaal-im-interview-meine-toechter-muessen-mich-siezen-1 156 507, 6.9.2010, 13.21 Uhr.
3 *Dietrich Bonhoeffer aus: Brief an Karl und Paula Bonhoeffer, 13. September 1943, DBW 8 (WE), S. 157f.* http://www.luellemann.de/txt-338.htm. 21.2.2011, 22.25 Uhr.
4 Eckart von Hirschhausen. Glück kommt selten allein. Zugaben, 11. Pinguin-Geschichte.
5 Eva Quadbeck. Kluge Kinder. Rheinische Post, 9.12.2010, A2.
6 Eva Quadbeck. Kinder: Vertrauen zählt mehr als Geld. Rheinische Post, 9.12.2010, A4.
7 Jürgen Liminsky. Bindung vor Bildung. Family 6/2008, S. 8.
8 Rauchen – Zahlen und Fakten. http://www.krebsgesellschaft.de/rauchen_datenzahlenfakten%2C1050.html., 25.1.2011, 12.25 Uhr.
9 http://www.phonostar.de/radiomagazin/radioprogramm/detail.php?id=1462&datum=2009-06-21, 8.10.2010, 21.43 Uhr.
10 Ralf Hoppe. Die Kinder von der Samenbank von 29.07.2002. http://www.spiegel.de/spiegel/print/d-23 685 503.html, 08.10.2010, 21.38 Uhr.
11 http://www.rp-online.de/wissen/umwelt/Nobelpreis-fuer-Medizin-geht-an-Briten-Robert-Edwards_aid_914 332.html#comments, 13.10.2010, 11.21 Uhr.
12 http://www.rp-online.de/wissen/Vatikan-kritisiert-Nobelpreis-fuer-Edwards_aid_914 754.html, 13.10.2010, 11.41 Uhr.
13 http://www.spiegel.de/wissenschaft/mensch/0,1518,druck-72 611,00.html,13.10.2010, 12.00 Uhr.
14 http://de.news.yahoo.com/26/20 101 004/tdefault-hintergrund-anteil-der-retortenbabys-7458eeb.html?printer=1, 13.10.2010, 11.50 Uhr.
15 Tanja Wolf. Der lange Weg zum Wunschkind. Westdeutsche Zeitung, 21.10.2003, S. 5.
16 www.zeit.de/politik(2010-10/vatikan-kritisiert-nobelkomitee?page=all, 21.2.2011, 15.58 Uhr.
17 Hans H. Nibbrig. »Jedes fünfte Baby ein ›Kuckuckskind‹«. Berliner Morgenpost, 16.1.2005.
18 Joachim Bölsche. »Zahlväter rüsten zum Wattestäbchen-Krieg«. Spiegel Nr. 48/2004, 7.12.2004.
19 Wolfgang Michal. »Ist dieses Kind wirklich von mir?«. Geowissen 46/2010, S. 59–60.
20 In Gemeinden offen über sexuelle Gewalt sprechen. Idea-Spektrum 4/2008, S. 8.
21 http://www.stern.de/gesundheit/gesundheitsnews/rauchen-in-der-schwangerschaft-gewuerzgurken-und-glimmstaengel-608 001.html, 6.1.2011, 9.25 Uhr.

22 http://www.meb.uni-bonn.de/giftzentrale/alkohol/alkidx.html, 6. 1. 2011,
   9.55 Uhr.
23 http://www.lichtblick99.de/bericht2.html, 12. 10. 2010, 11.40 Uhr.
24 http://www.lichtblick99.de/bericht2.html, 12. 10. 2010, 11.40 Uhr.
25 Dr. Udo Baer. www.therapie-kreativ-baer.de.
26 Dr. Udo Baer. Botschaften des Schweigens – das Trauma der nächsten
   Generation. 15. 4. 2010, VHS Krefeld.
27 http://de.wikipedia.org/wiki/Muttertag, 25. 10. 2010, 10.53 Uhr.
28 http://de.wikipedia.org/wiki/Vatertag, 25. 10. 2010, 18.06 Uhr.
29 http://netzeitung.de/autoundtechnik/400 469.html, 25. 10. 2010, 18.43 Uhr.
30 Reinhold Michels. »Bevölkerung schrumpft stark«. Rheinische Post,
   3. 11. 2010, A6.
31 Bettina Weiguny im Gespräch mit Psychologin Susan Pinker:
   »Vielen Frauen ist der Chefsessel nicht wichtig«. 12. Januar 2010.
   http://www.faz.net/s/RubC43EEA6BF57E4A09 925C1D802 785 495A/
   Doc~EF73DC81E1E0D42D990 416D362BCB2F02~ATpl~Ecommon~Scont
   ent.html, 25. 10. 2010, 18.55 Uhr.
32 Loki Schmidt wird 90. http://www.augsburger-allgemeine.de/Home/
   Nachrichten/Aus-aller-Welt/Artikel,-loki-schmidt-90-02 032 009-_
   arid,1 502 842_regid,2_puid,2_pageid,4293.html, 28. 01. 2011, 22.20 Uhr.
33 Fotomodels aus dem Seniorenheim. Rheinische Post, 10. 6. 2010, C5.
34 Eva Quadbeck. Pflege als Hypothek. Rheinische Post, 9. 9. 2010, A2.
35 »Was tun, wenn die Kinder für die Pflege fehlen?«. Idea Spektrum 49/2010,
   S. 13.
36 »Hinter jeder Tür eine andere Geschichte«. Echt 3/10, S. 4–5.
37 http://www.zitate-online.de/literaturzitate/allgemein/16 074/kinder-die-
   man-nicht-liebt-werden-erwachsene.html, 1. 3. 2011, 12.25 Uhr.
38 Lutherbibel, revidierter Text 1984, durchgesehene Ausgabe in neuer Recht-
   schreibung, © 1999 Deutsche Bibelgesellschaft, Stuttgart.
39 http://www.messianictorah.org/en/parasha_en/par17e.htm.
   9. 11. 2010,16.25 Uhr.
40 http://www.bible-only.org/german/bible/apokryph.html#Luther,
   28. 1. 2011, 22.36 Uhr.
41 Die Bibel. Verlag Herder. Freiburg im Breisgau. 1965.
42 Ute Horn, Schöneberger Str. 3, 47 807 Krefeld, t. u.horn@web.de.
43 Armin Beuscher. Licht und Freude für jeden Tag. Nidderau: Neues Buch
   Verlag. 2007.

Literatur/Medien

Bei SCM Hänssler sind von Ute Horn weiterhin erschienen:

- Baustelle erste Liebe – für Teens (Co-Autor: Daniel Horn)
- Baustelle erste Liebe – Mit Teenagern über Freundschaft, Liebe und Sexualität sprechen (Co-Autor: Winfried Hahn)
- Freundinnen
- Leise wie ein Schmetterling – Abschied vom fehlgeborenen Kind
- Meine Krise – Gottes Chance
- Mutig mit den Kindern wachsen
- Sehnsucht, Sex und frommer Frust
- Treue für ein Leben
- Worüber man nicht spricht – Tabus in Seelsorge und Gemeinde (Co-Autor: Winfried Hahn)
- Zwei unter einer Decke – Das Geheimnis erfüllter Sexualität (Co-Autor: Thomas Horn)

Ute Horn

Mutig mit den Kindern wachsen

Paperback, 13,5 x 20,5 cm, 192 S.
Nr. 394.974
ISBN 978-3-7751-4974-7

Kleine Divas und Tyrannen im Kinderzimmer? Wie Kindererziehung
in Liebe und mit Konsequenz gelingen kann, vermittelt die erfahrene
Mutter Dr. Ute Horn. Behutsam begleitet die Autorin Sie auf dem Weg,
Ihre Kinder zu lieben und zu erziehen.

Ute Horn, Winfried Hahn

Worüber man nicht spricht
Tabus in Seelsorge und Gemeinde

Paperback, 13,5 x 20,5 cm, 192 S.
Nr. 395.003
ISBN 978-3-7751-5003-3

Tabus umgibt eine Atmosphäre der Heimlichkeit. Abtreibung, Missbrauch, Süchte, Depression ... Wer traut sich schon, offen darüber zu reden? Betroffene am wenigsten. Aber Schweigen kann Schaden anrichten.
Die Autoren zeigen, wie man diesen Kreislauf durchbricht.

Bitte fragen Sie in Ihrer Buchhandlung nach diesen Büchern!
Oder schreiben Sie an: SCM Hänssler, D-71087 Holzgerlingen;
E-Mail: info@scm-haenssler.de; Internet: www.scm-haenssler.de